36

D1258901

# Le
# Nain Jaune

# Pascal Jardin

# Le
# Nain Jaune

JULLIARD
8, rue Garancière
PARIS

IL A ÉTÉ TIRÉ DE CET OUVRAGE
DIX EXEMPLAIRES SUR VERGÉ
DE HOLLANDE DES PAPETERIES
VAN GELDER DONT CINQ EXEM-
PLAIRES NUMÉROTÉS DE H. 1 A
H. 5 ET CINQ EXEMPLAIRES HORS
COMMERCE NUMÉROTÉS DE
H.C.H. 1 A H.C.H. 5, ET TRENTE
EXEMPLAIRES SUR VÉLIN PUR FIL
DES PAPETERIES VAN GELDER
DONT VINGT EXEMPLAIRES NUMÉ-
ROTÉS DE 1 A 20 ET DIX
EXEMPLAIRES HORS COMMERCE
NUMÉROTÉS DE H.C. 1 A H.C. 10
LE TOUT CONSTITUANT L'ÉDITION
ORIGINALE

© Julliard, 1978

ISBN : 2-260-00132-7

*à Bernard de Fallois.*

# I

Retranché du monde, tout au fond de son lit, calé sur plusieurs oreillers, environné de journaux et de téléphones qu'il regardait sonner sans plus les décrocher, il me tint ce langage la veille de sa mort :

— En ce temps qui ne me plaît plus, en cet été que je trouve froid, après le désir perdu, la chaleur désertée, le goût du vin gâché par la médecine, et celui de l'espérance noyé dans l'indifférence des jours, je veux me souvenir...

Souvenir de quoi et de qui ? De son enfance durant la Grande Guerre, des vingt ans de ma mère, d'une maîtresse oubliée ? De quoi se souvient-on juste pour se souvenir ?

J'écris ce livre pour rompre, et puis pour renouer, et me retrouver tel qu'en mes espérances de vingt ans.

Je l'écris parce que, du fond du noir où je me trouve enfermé, je ne peux pas faire autrement.

Malraux dialoguait avec la Mort, avec Dieu peut-être, mais avec personne d'autre. Je veux faire le contraire. Je veux ouvrir les portes et écouter le vent qui souffle dans la mémoire...


Je revois son visage furtivement enjoué, ses cheveux bien coiffés, plaqués, la raie du côté gauche. J'entends sa voix chaleureuse et son phrasé à l'élocution parfaite.

Il articulait comme il pensait, de manière très claire. Et pourtant, son esprit enchevêtré entre le paradoxe, l'humour et une aisance extrême à passer, sur tout sujet, de l'analyse à la synthèse, donnait lieu à des périodes oratoires qu'il savait rompre, casser, reprendre, comme un clown funambule se rattrape à son fil.

La tristesse tendre de son regard laissait toujours à penser que, pour mon père, le pire de la vie n'était sûrement pas la mort.

Ce jour-là, un des premiers souvenirs clairs que j'aie de lui, c'est une promenade dans la grande allée d'un château où nous avions été conviés un dimanche.

C'était un des derniers étés de l'avant-guerre, et le soleil radieux et rare de Normandie avait peine à percer le feuillage des chênes centenaires.

Il marchait entre un vieux monsieur distingué, un physicien, je crois, et un religieux vêtu d'une soutane blanche.

Moi, je suivais en trottant. Je voyais les mains de mon père, qu'il tenait dans son dos. L'une d'elles jouait avec une balle de tennis qu'il avait ramassée au détour d'une allée. Les échanges d'idées, le bruit de leur causerie que je ne comprenais pas tombaient vers moi comme les cailloux blancs chers au Petit Poucet. Je suivais, ignorant, inconscient de mon âge et des choses alentour, comme de celles du lendemain.

Soudain, il se retourna vers moi. Il m'avait oublié, puis il s'était rappelé. Il me jeta la balle avec une phrase tendre.

Ai-je attrapé la balle ? Sûrement pas. Mais j'ai gardé en moi son sourire délicieux.

Ma vie, elle a grandi et tourné autour de la sienne. Rien de ce qui m'est advenu ne lui fut étranger. Nous étions toujours ensemble ou toujours fâchés, mais jamais en eau calme.

Il fut la tour dont j'arpentais la circonférence pour en trouver la porte, le rocher

où je me blessais et puis, beaucoup plus tard,
une manière, une espèce d'enfant écorché vif,
que je n'ai pas su protéger contre lui-même,
quand est venue sa fin.

Aussi loin que je remonte, j'ai le souvenir
d'avoir été un frelon. Et lui, quand il n'était
pas la tour imprenable, il était acacia, arbre
noble et rebelle aux piquants meurtriers. Passant entre les épines, je venais prendre ma
force au milieu de ses fleurs pareilles à des
glycines amères.

Certains naissent orphelins. Je le suis
devenu à plus de quarante ans. Et n'allez pas
penser que ce soit chose banale. Tous ceux
qui perdent leur père ne le sont pas pour
autant.

Je serais même enclin à penser qu'en règle
générale, la mort de nos parents nous pousse
au premier rang, fait de nous des aînés. En
règle générale... Mais en ce cas particulier,
je n'ai connu l'amour et la notoriété qu'à
travers ce qu'il avait préalablement vécu,
entrepris, et parfois comme raté pour moi.
Malgré des guerres immenses, jusqu'à en
venir aux mains, nous étions bien le même.
Depuis qu'il est parti, je me sens une moitié,
une moitié de moi-même qui court après une
ombre qui ne reviendra plus.

**Pourquoi cette blessure ? Un petit homme**

est mort, combien d'autres ont dû naître dans la même journée ? Pourquoi donc l'empreinte à jamais enfoncée comme la fleur de lis dans le dos du forçat ?

Peut-être parce qu'il était de ceux qui forment à eux tout seuls une sorte d'unité face à la multitude ! Il est mort en croyant à toutes les vertus auxquelles je ne crois pas. Mais de le voir y croire, quelle beauté !

Oui, il pensait que, pour le salut de l'Occident, il fallait bâtir l'Arche Nouvelle, Catholique, Classique, Hiératique, Humaine.

Il voulait l'Absolu, que les idées ne soient plus des mots en l'air, ni les Institutions des leurres inconscients, ni les Lois des brigandages, ni les Administrations des pilleries. Et quand je lui disais que ce pouvoir parfait était impossible, il répondait :

— Qu'est-ce que cela peut faire, puisqu'il est nécessaire.

Il avait été élevé dans la pauvreté, mais il défendait la propriété et la possession de châteaux qu'il n'avait jamais eus ou, plutôt, qu'il était peut-être le seul à posséder, car vus de la route, et au-delà des grilles d'une promenade du jeudi, tous les châteaux sont beaux, toutes les châtelaines sont belles.

**Bref, il était de Droite. Il croyait aux élites.**

Il pensait que l'erreur d'un seul Grand est bien moins redoutable que le Vote de tout le monde. Il voyait, en haut, la Royauté, et, par-delà tous les espaces, la Papauté.

Il pensait que l'excès d'égalité fabrique la tyrannie, et que, devenues irrésistibles, les démocraties modernes auraient pour fonction historique de fermer la porte au nez de l'Histoire.

Il croyait au pire des pires. Sur ce point, moi aussi. Mais lui ne se laissait pas faire, et face à la corruption éternelle et universelle qu'il connaissait bien, puisqu'il était un homme de pouvoir occulte, il croyait en l'Espérance, et, bien que désespéré, il croyait en Dieu, et en la vraie colombe, au vrai brin d'olivier, en avant de tous les déluges.

Pour lui, un homme digne de ce nom ne pouvait aimer qu'une fois. Pourquoi suis-je comme lui ?

Pour lui, il y avait la réalité des jours qu'il proclamait souvent infecte, et puis quelque chose au-dessus qu'on ne voyait pas bien, un ange, une auréole, un rêve tout éveillé qui engendrait l'action et le courage de poursuivre.

Pour lui, ce qui comptait, c'était d'apparaître à mes yeux, non pas tel qu'en tous ses défauts humains, mais plutôt tel qu'il aurait dû être, tel qu'il voulait que je sois. Il m'a tellement rêvé, j'en rêve encore.

Pour moi, il est parti dans un grand fracas muet, celui d'un cheval d'Apocalypse dont les sabots auraient été ferrés avec du velours.

L'Amour, sous toutes ses formes ne nous doit rien. Nous lui devons tout. Il passe. Il prend. Il donne. Il casse, et puis repart, nous laissant appauvris et pourtant enrichis.

Le Nain Jaune, de tous les hommes que j'ai connus, aucun ne fut pour moi aussi prédominant que lui.

Son regard d'aigle, et sa culture immense et partiale qui le faisait se promener au travers de l'Histoire, comme d'autres sur les boulevards. Avec lui, souvent, j'ai cru dîner avec Louis XIV, rêver avec Louis XI de la mainmise sur la riche Bourgogne, faire l'amour avec la Pompadour...

Le Nain Jaune, telle était sa désignation mythique. Puérile et mystérieuse généalogie des noms. Ce fut d'abord celui d'un jeu fort ancien dont j'ignore tout, hormis ce que m'en a raconté un jour une cartomancienne au teint d'olive et au cheveu d'encre. A savoir qu'il était le divertissement favori des banquiers lombards, princes du pouvoir occulte dans une époque où l'or était déjà un demi-dieu.

Puis ce fut, avant les deux guerres, un jeu d'enfant, mi-poker mi-jeu de l'oie, dont il était le principal personnage, la carte maîtresse. Tirer le Nain Jaune, c'était vaincre le mauvais sort, déjouer tous les pièges, rétablir les situations compromises et gagner les parties perdues.

Ce puissant génie était représenté sous les traits d'un bouffon, d'une sorte de Quasimodo souriant, affligé d'une vilaine bosse et tout vêtu de jaune vif.

Et c'est pourquoi les amis du Nain Jaune, quand ils parlaient de lui en son absence, l'appelaient ainsi.

Le savait-il ? C'est peu probable. Nous avons tous des sobriquets, que nous ne tenons pas à connaître. Nous les portons dans le dos, comme des poissons d'avril. Ils nous font rire de loin, et nous fâcheraient de près. Car ils sont généralement vrais, drôles et cruels.

Le Nain Jaune, et ses mains fortes sur son corps chétif, rapetissé comme pour mieux bondir. Il avait contracté, enfant pendant la Première Guerre mondiale, une grippe espagnole à laquelle il avait survécu tragiquement décalcifié.

La province normande de 1914 produisait parfois des enfants plus proches de Goya que de l'équilibre de la pédiatrie moderne. Cette maladie non soignée fit que sa cage thoracique se tordit à jamais, et que sa colonne vertébrale décrivit dans son dos une folle arabesque, le laissant avec des souffrances que rien ne devait soulager durant sa vie entière.

Ainsi donc, grand, il resta petit, avec une épaule tellement plus haute que l'autre, que malgré les artifices des meilleurs tailleurs, on pouvait le dire bossu.

Pourtant, malgré une respiration qui semblait parfois avoir pris son rythme sur un seul poumon, et dont le souffle rauque évoquait, les soirs de grande fatigue, quelque haut fourneau encrassé, malgré cela, jeune, il fut très beau, et mince, et puis, plus tard, il conserva jusqu'au bout un charme diabolique et féminin qui lui assurait des succès innombrables, mais cependant insuffisants pour le rassurer sur son aspect qu'il haïssait.

Cette colère permanente contre son enveloppe charnelle qui lui rappelait sans cesse une faiblesse incompatible avec sa vitalité, le poussait à se battre avec le premier venu.

Le Nain Jaune, pour lui, comme pour certains personnages de Shakespeare ou de Musset, la vie ne fut qu'un passage fort et cahotique, un bonheur disloqué avec une vision du monde entre rire et larmes, qui me donna tout jeune le goût de la démesure.

Enfant pendant la Première Guerre mondiale, homme fort puissant pendant la Seconde, et par la suite, il mourut sans fortune personnelle.

Pourtant de l'argent, on lui en avait confié et donné, pour qu'il le redonne à d'autres, qu'il infléchisse parfois le sens de cette petite histoire qui fait souvent la grande. Fut-il marchand de canons ? Je l'ignore. Fut-il marchand d'espoir, je le sais.

A l'aube froide de sa mort, le mystère reste pour moi entier. Qui était-il ? Que voulait-il ? Sur quel royaume invisible régnait-il vraiment ? Tout ce que je peux dire, c'est que son ombre portée m'a fait courber l'échine, et que je n'ai vécu, aimé, écrit, entrepris que pour ou contre lui.

Je sais maintenant que je ne sortais certaines femmes dans certains restaurants où il avait ses habitudes que pour les lui montrer, le séduire, le scandaliser, pour le faire vivre encore un peu à l'hiver de sa vie qui partait en morceaux.

A dix pas, je revois sur moi son regard croisé au-dessus des lunettes à double foyer. Il se savait perdu par l'usure du temps et un cancer au ventre. Pourtant il se tenait tout droit, comme plus droit qu'avant, comme un fou du roi qui retire sa bosse pour être un peu le roi. Il repoussait l'échéance d'un sourire affolé et cependant hautain.

Le Nain Jaune, je l'aime malgré nos folles disputes passées ou bien à cause d'elles. Je l'aime, et à chaque instant je me dis : où est-il ? Où boit-il ? Où tousse-t-il ? Où fume-t-il ? Où dort-il aujourd'hui qu'il a déserté son apparence ? Où son regard se porte-t-il ? Sur quel objet ? Quel paysage ? Nulle part ? Même pas sur moi, son fils, l'autre lui-même, son frère de rage et d'espérance, d'ambition, de tabagie et de folie ?

Jamais, depuis l'enfance, l'idée de ma propre mort ne m'a effrayé. La mort, la mienne, c'est une cousine chère que je retrouverai un jour proche ou lointain, à la fin des grandes vacances.

Mais le Nain Jaune, sa désertion, son esprit introuvable, sa voix disparue, son corps en terre, pourri de vers, et puis les os déjà, sans doute, comme mis à nu, ultime boucherie. Non pas, puisque même eux iront à la poussière commune, celle que le vent emporte, par érosion les jours d'orage.

Comment comprendre qu'il ne reste de lui qu'une plaque de pierre sur un peu d'herbe verte dans un cimetière de l'Helvétie française, au-dessus du Léman, non loin de pieds de vigne qui donnent un petit vin sec ?

Le Nain Jaune, toute sa vie, sa bouche sensuelle et amère a parlé sur une musique tendre de violons imaginaires qui accommodaient ses réalités subjectives et successives d'une harmonie personnelle continue.

Pâle, amaigri, couché dans un lit blanc et bardé de tuyaux, je le revois sourire une dernière fois.

— Tu sais que ne croyant plus aux déceptions je n'ai pas grand-chose à redouter. Mais où que j'aille, je me souviendrai de cette planète.

Et puis la main décharnée, et si robuste encore, qui décrit une courbe inachevée et retombe sur le drap comme pour dire « trop tard ».

Les chirurgiens dirent qu'il était décédé d'un accident post-opératoire. Moi, je pense qu'il est mort de chagrin.

Les hommes comme lui ne meurent que de ça, leurs infarctus et leurs cancers ne sont que des alibis. Et puis la vieillesse, ce démon hideux, ce polichinelle diabolique qui fait peur à la vie et fait fuir la jeunesse, sa vieillesse augmentait chaque jour la distance entre l'époque et lui.

Elle le gênait pour continuer à appréhender le monde dans ses mesures nouvelles, et, phénomène pour moi terrifiant, la folie des autres ne devenait plus la sienne. Ce formidable empoigneur ne serait plus que du vent.

Le Nain Jaune, profil perdu au bord de l'horizon perdu du monde occidental, lui-même sûrement aussi perdu. Je le revois l'été dernier au bord de la mer, c'était en Normandie, à Deauville. Il fixait l'horizon des vagues comme pour voir l'Angleterre. Il s'appuyait au bras d'une jeune femme qui côtoyait ses derniers jours. Elle l'aimait. Il en abusait. Elle le lui pardonnait. Comme elle avait raison.

Des gens du monde, enfin du sien, passèrent sur la promenade des Planches, juste devant la cabine où il se tenait debout. Il les connaissait. Mais il ne les vit pas, ou plutôt préféra continuer à rêver. Je compris alors avant les autres qu'il allait s'en aller comme de son plein gré. Avait-il assez ri ou bien assez pleuré ? Pascal a écrit : « On jette de la terre sur la tête, et en voilà pour jamais. » Sans doute. Mais elle résonne longtemps sur le bois du cerceuil, la première pelletée. Et puis le trou se comble comme pour en terminer alors que tout commence.

## II

On écrit avec la plume que l'on a, tantôt celle de l'automne, tantôt celle du printemps, Montaigne avec celle du doute raisonnable, Bossuet comme un aigle brandebourgeois, Molière comme « l'Honnête Homme », Stendhal comme l'orfèvre, Balzac comme un paysan plus gourmand que gourmet, Barrès comme un condottiere, Céline comme un possédé, Pagnol comme une Provence qui aurait fait l'amour avec le petit Mozart.

On écrit comme on peut. Moi, j'écris comme ça vient, comme le cœur me chante, comme court le stylo, comme volent les hirondelles entre orage et beau temps. J'écris comme des chansons, j'écris pour fredonner sur des jours oubliés, sur ceux qui sont partis pour le dernier voyage ou bien pour d'autres bras. J'écris pour faire revivre, enfin pour exister, ne serait-ce qu'un instant, celui où

l'on formule, et où le mot se plie pour rendre
le son exact. J'écris pour les enfants qui ne
lisent jamais, enfin j'écris pour moi, et oui,
j'écris pour rien...

Voilà les raisons pour lesquelles je pars
à l'aventure avec le nez au vent, en espérant
que le hasard fera bien les choses, que la
mémoire suivra et la syntaxe aussi.

J'ignore l'histoire de ma famille qui sans
doute n'en a pas. Tout ce que je peux dire,
c'est que ce siècle avait quatre ans et dix mois
quand, le 30 octobre 1904, mon père, Jean
Jardin, vit le jour à Bernay, petite ville de
Normandie, charmante, mais pluvieuse, située
aux confins des départements de l'Eure et du
Calvados.

Il était le petit-fils d'un certain Honoré
Jardin, coutelier, affûteur de rasoirs de la
cour du Danemark, et violoniste réputé dans
la musique locale.

Son grand-père maternel, lui, s'appelait
Jean Racine. C'était un paysan installé à
Saint-Vincent-du-Boulet, non loin des terres
des Broglie. D'après la tradition orale et certaines photographies, ce rural barbu lisait la
Bible à ses journaliers pendant l'heure des
repas.

Mais le Nain Jaune n'était pas que le petit-
fils de ses deux grands-pères. Il était égale-

ment le fils de son père, Georges Jardin, propriétaire et directeur d'un magasin « vêtements-nouveautés », situé rue d'Alençon au numéro 50, juste à côté de l'Hôtel du Lion d'Or.

Des deux grand-mères de mon père, j'ignore tout. De sa mère, de sa sœur et de son propre père, je ne me souviens de rien qui vaille, ni le récit ni la mémoire.

Bref, pour autant que je puisse témoigner, mon père était issu d'une très petite famille, alliée à d'autres dont personne ne sait rien, si ce n'est des noms charmants et parfois prestigieux, Dulac, Boisson, Corneille. Une seule certitude, nos Racine et nos Corneille n'étaient parents ni avec l'auteur du *Cid* ni avec celui de *Phèdre*. Ils fabriquaient des flûtes, vendaient des peignes de corne. C'étaient de vrais Normands, paraît-il, teigneux et sûrement alcooliques.

En 1914, le docteur Robert Duchesne, chirurgien, « yeux-nez-gorge-oreilles », de la ville d'Evreux, est mobilisé non pas au front, mais à côté de chez lui, à Bernay. Il a une fille, Simone, qui deviendra ma mère, et dont mon père tombe amoureux à l'âge de dix ans. C'est une petite fille brune avec un visage rond et des cheveux immenses. Elle est de trois ans sa cadette, mais l'âge de raison n'empêche pas son esprit d'être déjà totalement marginal. Elle aime la poésie, le pâté de lapin, les chaussettes de laine, les nattes dans le dos, l'amour et l'aventure.

Elle déteste l'école, les chiffres et les notables. Son père, homme distingué, affable et très timide, lui passe tous ses caprices. Sa mère, ma merveilleuse grand-mère, appelée « Mme Duchesne-docteur », ou encore « tout-Mama », est d'un pragmatisme rustique qui assure sa propre survie, mais l'empêche de comprendre sa fille, une fille qui avait pour ainsi dire lu Proust avant qu'elle ne sache lire, ou bien qu'il ait écrit, et qui baignait de tout son être dans Jung et Freud avant qu'ils ne fussent même peut-être traduits en français.

Devant cette petite fille qui est d'un milieu social supérieur au sien, mon père découvre l'amour en même temps que l'ambition.

L'ambition, avouée d'abord, enfouie plus tard, devait jouer un rôle constant pendant toute sa vie.

Fils de boutiquiers, il échappa à l'apprentissage, et commença ses études secondaires grâce à l'intervention et à un subside fournis par le régisseur du duc de Broglie, dont l'immense château dominait moralement toute la ville de Bernay.

C'est donc par un fait de charité que mon père fut admis dans l'univers du savoir... Cela devait être en 1914... Mais au diable la chronologie, je refuse la mémoire de l'historien. Ce n'est pas ainsi que je me souviens, c'est le désordre où je me trouve.

*

Novembre 1976. C'était la première fois que j'étais seul dans sa maison.

Je dis bien sa maison, et non la mienne. La maison de mon père n'était que sa maison. On y était ses hôtes, ses vassaux. L'air qu'on y respirait, la place de chaque meuble, quelques-uns admirables, son Vuillard, un des plus beaux du monde, et le plus grand (un petit déjeuner chez Colette avec le couturier Poiret en pyjama de bagnard), les photos sur les murs, les abat-jour des lampes fabriqués par ma mère avec du papier plissé, le service assuré par un couple de gens de maison tourangeaux et bougons, le nombre de pièces, trente-huit ou quarante, les orangeries du sous-sol, le billard, rien ne ressemblait à rien de ce que l'on voit ailleurs, rien ne devait rien aux dictionnaires des idées reçues sur le bon ou le mauvais goût.

Cette nuit-là, il était à Paris à la clinique

où ma mère le veillait, car on venait de l'opérer.

Moi, dans le grand salon, je jouais au poker avec quelques compagnons, des techniciens de cinéma avec qui j'étais venu repérer en Suisse les extérieurs d'un film hors de prix qui ne se fit jamais.

L'extrémité du lac de Genève qui donne sur la vallée du Rhône est encerclée de montagnes immenses qui m'ont toujours oppressé. Je sortis dans le jardin, lieu somptueux avec son port gardé par deux lions de pierre florentins.

La Suisse, la nuit, ressemble à un pays plat tant le silence y règne. Ce n'est plus du silence, c'est une sorte d'absence.

Je m'avançai jusqu'au balcon qui dominait le lac : une mer noire d'huile glauque. A droite, au loin, je devinais sans la voir la haute masse du château de l'Aile, place du Marché, à Vevey, qui avait été la dernière maison de mon curieux ami, Paul Morand, qui venait de mourir.

Comme il ne se passait rien de tangible et que je pressentais le pire, je remontai vers la maison qui brillait de tous ses lustres, et où riaient bruyamment mes compagnons de cartes.

Je gagnai la chambre de mon père et j'ouvris sa penderie. Je touchais ses costumes, vieux, anglais, très élégants, et j'avais la certitude physique qu'il ne les porterait plus.

Puis je me rendis dans son bureau, et me mis à fouiller dans ses papiers. Sous mes doigts, étalée au hasard, toute une vie dans le désordre, une photo de Pierre Fresnay, un sous-verre d'une publicité de mes grands-parents maternels, parue dans *l'Avenir de Bernay*, le 7 janvier 1939.

Fouillant comme un voleur qui ignore ce qu'il cherche, je retrouvai la correspondance de Paul Morand pendant l'Occupation, une centaine de lettres, prodigieuses d'inconscience, de charme, de verve irresponsable. Il écrivait à mon père de Bucarest, le 15 décembre 1943 :

*Bonne année, cher Jean. Balzac écrit à Mme Hanska qu'il attache beaucoup d'importance à 1844. 44 étant un chiffre capital au point de vue de la mystique des nombres. L'ambassadeur de Turquie ici, qui est un invité, annonce la fin de la guerre pour la Noël ; ou plutôt il l'annonçait car, en dernière heure, ses rêves, qui le mènent, la reportent au 17 janvier.*

*Ici, calme. La panique, qui soufflait en octobre, a passé ! On annonce que les Alle-*

*mands seront à Kiev au premier de l'an...
Berthelot a monté en 1920 la « Petite
Entente », il a bien fait, puisqu'il n'y avait
pas de Russie. Mais vingt ans plus tard, il y
avait une Russie. On s'appuyait sur elle et la
« Petite Entente » devenait donc caduque ;
car c'est l'un ou l'autre. Le miracle (miracle
à l'envers), c'est d'avoir à la fois raté la Russie
et la « Petite Entente » quand la guerre est
venue. C'est perdre sur le rouge et sur le noir,
ce qui est jouer la difficulté...*

Dans un autre dossier, une lettre de Pierre
Mendès France, datée du 28 février 1948 et
adressée à Robert Aron, une autre d'août
1943 du docteur Ménétrel, médecin du maréchal Pétain, qui demandait à mon père, alors
en poste à Berne, de l'eau de Cologne pour le
Maréchal, et puis des missives manuscrites
de Pierre Laval, enfin des listes étranges, états
occultes des fonds spéciaux versés par le gouvernement d'alors à ses ministres, à sa pro-
pagande, à sa presse... Et puis des lettres,
des milliers de lettres de tout ce qui a compté
et compte encore parfois en politique, ou dans
les arts, dix lignes de Ludmilla Pitoëff le
remerciant d'avoir réussi à lui transmettre une
lettre de sa sœur Svetlana... un rapport confi-
dentiel du 15 janvier 1963 indiquant « les

possibilités immédiates d'une intervention au Cambodge »...

Qui donc était mon père ? De qui tenait-il son pouvoir ? Ni vraiment des ministres qui s'étaient succédé en France de 1943 à 1976 ni des banquiers qu'il tenait pour des pions, ni de certains chefs de l'opposition dont il semblait user comme de contrepoids, ni des grands commis qu'il pensait et savait déplaçables et souvent ennuyeux, car ne sachant rien d'autre que ce qu'ils avaient appris.

Alors, ce pouvoir ne venant pas des autres, je crois qu'il le tenait de lui-même, d'une certaine idée qu'il se faisait de l'Etat, d'une idée qu'il s'était forgée de la vie et qu'il projetait autour de lui comme les rayons d'une lampe torche.

Vers trois heures, je retraversai le salon. Les reliefs du poker, mégots, bouteilles vides et cartes bigarrées trônaient en bonne place sur la table verte. Mes amis nocturnes avaient gagné leur lit. Pour sûr, ils devaient dormir, et sûrement en ronflant.

J'entrai dans ma chambre, sorte de bibliothèque pourvue d'un lit trop petit pour ma commodité, mais que mon père avait toujours refusé de faire modifier, sous le prétexte insolite qu'il ne m'avait pas élevé comme ces voyous qui dorment « à plat, vautrés ».

Je me cassai donc en deux à l'aide de quelques traversins et m'endormis. Une heure plus
tard, je fus réveillé :

— Le téléphone, votre père est mort.
— Quand ?
— Tout de suite.

# III

Je pris le premier avion du matin. Ma fille aînée m'accompagnait. Dans la cabine, au-dessus des nuages, elle pleurait. Elle me répétait :

— C'est mon vrai père qui vient de mourir.

Mon père était-il donc le père de toute sa famille ?

En arrivant à Paris, nous avons gagné la clinique.

J'étais bien décidé dans mon for intérieur à ne pas me rendre aux obsèques. Je gardais en effet un souvenir effroyable de l'enterrement de ma grand-mère que j'avais tant aimée : croque-morts à l'haleine fumante dans le cimetière glacé, notables indifférents, famille indésirable pour partager son chagrin. Et puis, je croyais que la mort physique, la formalité du décès ne me concernaient pas.

On me dit que c'est au second. Je prends l'escalier, un couloir, semblable à tous ceux des cliniques, une odeur médicamenteuse que j'ai déjà sentie cent fois.

Devant une porte, mon frère cadet, très pâle, les yeux rougis. On se touche la main, puis le bras. Il ne dit rien. Moi non plus.

J'entre. Je vois d'abord ma mère de dos, figée dans une sorte de tendre prière intérieure. Et puis je vois aussi la jeune femme. Celle qui lui tenait le bras à Deauville. Enfin, car j'ai fait exprès de ne pas le voir en premier, mon père.

Lorsque j'ai regardé son visage mort, j'ai compris qu'il ait cette physionomie. Mais je n'ai pas compris qu'il puisse la garder.

L'éternité est inconcevable, et que la mort soit irréversible, on le dit, on le chante, on l'écrit, on y pense, on en parle, mais on ne le comprend pas.

On touche ici au fondement même du trépas. Même si, comme tous ceux qui se veulent prêts depuis la tendre enfance, on a pensé à lui plusieurs milliers de fois, quand on le rencontre, on ne le reconnaît pas.

Le visage définitif de la mort est cependant toujours provisoire. Il change d'heure en heure. Dans un premier temps, il prend

l'aspect d'un sommeil, dénué de toute présence.

Le Nain Jaune était couché sur le dos, les
mains croisées sur le revers du drap.

Peu à peu, je devinais par bribes, plus que
je ne comprenais, qu'il ne respirerait plus,
qu'il ne bougerait plus, et au fond, l'abstrac-
tion du dernier voyage, moi qui m'en faisais
comme certains rêveurs une image poétique
et métaphysique, je la reçus comme tout le
monde, comme un paysan, comme un enfant,
en plein front.

Le Nain Jaune venait de partir. Je venais
de perdre ma protection, mon oppression,
mes racines. Comme un arbre déjà grand,
secoué par le vent, je sentais tout à coup le
poids périlleux de mes branches et de mon
feuillage : j'étais tout seul.

Je me mis à pleurer doucement tout en
sachant parfaitement que le vrai chagrin
n'était pas commencé, qu'il était pour demain,
qu'il était pour plus tard.

La jeune femme ne comprenait pas. Elle
était trop jeune et trop simple pour savoir
la mort.

Ma mère comprenait. C'est peut-être la
raison pour laquelle elle me sembla soudain
d'une beauté parfaite, ultime. Elle le suivait
un peu. Par avance, elle était avec lui.

Un prêtre entra et fit les gestes qu'ils font. Intimidé de ne plus y croire depuis long-temps déjà, je sortis dans le couloir. Entre Dieu, la Mort, mon père et moi, je ne voulais ni trait d'union, ni messager.

La jeune femme sortit et me rejoignit dans le couloir. Elle me répétait à voix basse :

— Il ne faut pas le laisser seul.

Comment lui expliquer qu'il l'était pour toujours. Comment lui dire qu'il n'était peut-être plus nulle part. Elle murmura encore :

— Il ne faut pas qu'il ait froid.

Et puis elle rentra dans la chambre. Mirage merveilleux de l'amour, qui fait croire à ceux qui l'éprouvent qu'on pourrait réchauffer les morts. C'est le contraire. Non seulement, nous n'avons plus le pouvoir de leur communiquer notre chaleur, mais encore ce sont eux qui entrouvrent pour nous les portes du néant.

Alors commença un curieux défilé qui dura trois jours entiers, et ne prit fin qu'à la mise dans le cercueil.

On avait descendu le corps dans une sorte de cave de la clinique, baptisée du nom de « chapelle ardente », et à laquelle on accé-dait par une porte de service encadrée de poubelles.

Des gens se mirent à affluer. Ils venaient de partout, de nulle part. C'était comme un

montage, et le brassage social était tel que
je me demande qui donc connaissait qui,
hormis le mort : ancien président du Conseil,
ministres en exercice, Chinois venus de leur
ambassade de Berne, Arabes de tous poils,
anciens conducteurs de locomotives à vapeur
au visage barré de moustaches d'un autre âge,
gens rescapés des camps, gens rescapés de la
collaboration, et puis des femmes de toutes
conditions.

A voir leur émotion, beaucoup lui devaient
quelque chose, d'autres avaient dû l'aimer.

Je ne savais que leur dire, la plupart me
serraient la main. Certains même m'embras-
saient. Je lisais dans les yeux de quelques-
uns, que pour eux, j'étais devenu lui, ou tout
au moins ce qu'il en restait.

Ma mère vivait cette dernière situation du
mariage entièrement de l'intérieur, et avec
une ferveur qui la protégeait du regard des
voyeurs, de ce regard qui est aussi le mien,
car je suis saltimbanque, et qui m'empêche
de partager mon chagrin avec qui que ce
soit.

De tous les membres de ma famille, et de
tous les amis les plus intimes, je suis sûrement le seul à avoir vu les poubelles d'accès
à la « chapelle », à avoir vu que ladite « chapelle » était mitoyenne avec d'autres, où d'au-

tres inconnus pleuraient d'autres morts.

Il faut toujours que je voie des détails que les autres ne remarquent pas, que le fond du décor sorte de l'obscurité. Ce n'est pas en partant d'un vaste monument que je décris une ville, c'est un bout de trottoir qui me frappe les yeux. Je le prends dans ma tête. Je tire comme un bout de laine sorti d'une pelote, et tout le reste vient avec.

J'appréhende l'écriture et l'amour avec des précautions périphériques. Même si je suis pressé, j'ai toujours le temps.

La première fois que j'ai vu ma femme, et que je l'ai reconnue avant de la connaître, j'ai regardé son sac et sa robe, et son visage seulement après.

Le premier souvenir de mon père : une balle de tennis tout au creux de sa main. Pour ma mère, Paris 1939 : elle regardait la pluie tomber sur la Seine du pont de Solferino, aujourd'hui détruit. Nous revenions d'une promenade au jardin des Tuileries. Elle s'était arrêtée malgré le mauvais temps. Une tristesse, peut-être ? Eh bien, aujourd'hui, presque quarante années plus tard, si je fais redéfiler le film noir et blanc précis de ce vieux souvenir, c'est de la vision de la pluie que je pars, non du visage de ma mère.

Pour moi, le plus petit détail procède de l'ensemble.

Oui, j'ai tout bien regardé du visage de mon père mort dans sa « chapelle ardente ». Il semblait avoir été remodelé par des spécialistes, je crois même qu'il était fardé. Mais le rose sur les joues de la mort n'imite pas la vie, au contraire, il ne constitue qu'un dernier apparat de plaisanterie équivoque.

Un ami, metteur en scène, qui avait été photographe mais qui ne pratiquait plus, m'offrit de venir fixer une dernière image.

Cette proposition me bouleversa. Afin de gagner du temps, et de ne pas déranger famille et amis, il arriva muni d'une sorte de mitrailleuse à images. Le local étant exigu, tout le monde l'évacua et il resta seul avec le mort et moi.

Il se déplaçait vite, cherchant un angle de prise de vue convenable, mais où qu'il veuille se mettre, le mur était toujours derrière lui. Il finit par braquer sa machine vers ce qui restait du visage humain du Nain Jaune, et appuya sur la gâchette. Une multitude d'éclairs de flashes synchronisés inonda le lieu d'une lumière fulgurante. Le mort, ses fleurs, ses candélabres, les murs de cachot de la pièce souterraine paraissaient irradiés, pendant que crépitait le bruit de l'appareil automatique

qui prenait des dizaines de clichés en quelques
secondes.

Je n'ai jamais vu ces photographies. Les
négatifs furent perdus par le laboratoire, les
premiers rouleaux égarés par lui en vingt ans.

Cela doit être un signe.


Avant de rapatrier mon père en Suisse afin
de l'y enterrer, son corps fut exposé en l'église
Sainte-Clotilde où une messe fut dite en
latin selon ses propres vœux.

Cet enterrement prit l'allure de discrètes
funérailles.

Tous les bancs étaient pleins, et j'y retrouvai les visages singuliers — car encore une
fois sans aucun rapport les uns avec les
autres — de tous ceux qui s'étaient pressés
à la clinique et précédemment dans sa vie.

Puis commença l'interminable rituel catholique qui veut que chacun vienne serrer la
main des membres de la famille.

Un maître de cérémonie nous plaça par
rang d'âge et de taille.

Pour mes enfants, la peine était inégale.
Pour Emmanuel et Nathalie, mes aînés,
issus tous deux d'un premier mariage, et qui
avaient été élevés en partie à Vevey, en
Suisse, chez mon père, le désarroi était total.

Pour Alexandre, douze ans, ce grand-père

mythique était quelque peu un inconnu. Il s'efforçait au chagrin avec la bonne foi des grands cœurs, et serrait les mains à tour de bras, oscillant, comme toujours l'enfance dans les grandes occasions, entre le rire contenu et les larmes de la tendresse.

Frédéric, le petit, dit le Chinois, avait été jugé inapte. Il était resté à la maison, et le récit qui lui fut fait de la cérémonie lui donna maints regrets de ne pas y avoir participé. A huit ans, enterrer un grand-père, qu'on n'a vu qu'une seule fois, et dans un wagon-restaurant, est une occasion d'émotions, voire de fête, qui ne se présente pas tous les jours.

*
* *

— Oh là, les gars ! Grimpez dans la voiture, on s'en va à la mer.

Mon frère Simon et moi, on est montés dans la Ford américaine, six cylindres, décapotable, et déjà ancienne, prêtée à papa par des amis aisés.

Il faut dire qu'en ce temps-là — mais quand donc était-ce ? — les automobiles étaient chères, rares, et réservées à une minorité.

Le Nain Jaune, bras droit de Raoul Dautry, président-directeur général des Chemins

de fer de l'Etat, n'aurait pu s'offrir un tel
luxe avec son traitement.

On a quitté Paris depuis un bon moment.
On roule vers Deauville à une vitesse folle,
cent trente, cent quarante. Maman nous y
attend. La route est étroite, bordée d'arbres
et de poteaux télégraphiques en bois, dont je
vois les fils plonger puis remonter de manière
régulière. Très vite, j'ai mal au cœur :

— Papa, ça remonte !

Pour toute réponse, mon père retire le feu-
tre noir qu'il porte sur la tête et me le tend.
Jamais il ne s'arrête quand il est au volant.
Vomir dans les chapeaux m'est donc familier.

A la sortie de Pacy-sur-Eure, on écrase
une poule :

— Encore une qu'Henri IV n'aura pas !

Il riait, l'œil gauche à demi fermé par la
cigarette qui lui pendait des lèvres. Moi aussi
je riais. J'avais huit ans, et lui trente-cinq.

Je ne saurais dire les raisons qui me donnent toujours la nostalgie d'avant, et de là-
bas.

Ce que je sais, au milieu de ma vie comme
on dit, c'est que, si le présent se compose
souvent mal, mon passé, lui, fut heureux et
le demeure.

Mais voilà que nous entrons dans Evreux
à fond de train. Mon frère et moi aimerions

bien nous arrêter rue de la Préfecture, chez nos grands-parents :

— Pas le temps.

Jamais le temps. J'ai beau être petit, je sais déjà ce que cela veut dire : vivre vite, c'est duper le sort, c'est vivre plusieurs fois !

Nous passons devant la cathédrale, puis bientôt devant l'évêché, bâtisse gothique flamboyant qui m'a toujours impressionné.

— C'est ici, les gars, c'est ici !...

Une quinte de toux due à la cigarette l'empêche de dire le reste. Mais je le connais par cœur. C'est là, en 1916, dans ce château hanté, transformé en annexe du vieux lycée napoléonien, que le Nain Jaune fut envoyé comme pensionnaire, venant de Bernay.

L'hiver y était rude, le chauffage incertain, la chandelle rarissime. Parqué dans une salle voûtée, avec plus de cinquante compagnons, le petit Jean Jardin, qui n'avait que huit ans, grelottait toutes les nuits, dormant entre deux rêves. Il était soumis à la tyrannie d'un pion grand et fort qui avait pris pour jeu de le jeter à bas du lit en arrachant ses draps.

Cette anecdote a son importance, car elle est la première, à ma connaissance, à révéler le tempérament du Nain Jaune.

En effet, à la cinq ou sixième brimade répétitive, mon père se fit connaître de ses

compagnons et de ses maîtres, dont l'historien Pierre Gaxotte. Il se jeta sur le pion,
le fit tomber d'un croc-en-jambe, ouvrit le
seau émaillé qui servait de commodité à l'ensemble du dortoir, et plongea la tête de son
tortionnaire dans l'urine et les excréments.

Dans un monde où le conseil de discipline
faisait trembler les élèves les plus privilégiés,
et plus encore les boursiers, cet acte de rébel-
lion sauvage fit la gloire du Nain Jaune.
Hélas, il n'eut point le temps d'en profiter.
Quelques jours plus tard, il contractait la
grippe espagnole, resta plus de trois semaines entre la vie et la mort, guérit, et comme
je l'ai dit, resta petit.

Le père de ma mère qui était médecin, et
qui par conséquent avait une vision plus exacte
que les gens de son temps des périls de la
maladie, persuada la famille Jardin de retirer
son fils de ce sombre internat.

Papa fit donc son paquet, et fut conduit
par celle qui allait devenir ma mère chez les
sœurs de son parrain, l'illustre Léon Tissandier, érudit local, magistrat, mort l'année pré-
cédente d'apoplexie en présidant les assises
de Rennes où il jugeait deux anarchistes.

Pour des raisons historiques et d'état civil
que je n'ai jamais pu éclaircir, les trois sœurs
de l'illustre Tissandier, qui étaient vieilles

filles, ne portaient pas le même nom que lui. Elles se nommaient mesdemoiselles Latham, alias, pour le Nain Jaune, les « Six fesses » !

En réalité, ces trois sœurs étaient quatre, car elles vivaient avec une proche cousine. Papa connut là, dans leur maison de la rue Saint-Sauveur, les douceurs les plus exquises de la province d'autrefois.

Les « Six fesses », économiquement faibles, mais prodigues de cœur, mettaient souvent à leurs menus des salades de queues de radis, et un cidre tant et tant coupé qu'il paraissait de l'eau. Mais le piano, la gaieté, les chansons, les commentaires sur les petits journaux de mode illustrés et les récits au jour le jour de la Grande Guerre et de ses misères fournissaient à mon père plus que le nécessaire, et à l'entendre dire, l'un de ses premiers bonheurs.

Les « Fesses », car très vite on en supprima le nombre, étaient très liées avec la famille Duchesne. Ainsi, mon père pouvait-il, comme on disait alors, fréquenter chez ma mère.

Il y rencontra un capitaine de dragons qui lui permit de venir monter en ses quartiers. C'est là, semble-t-il, que mon père fit la connaissance de Robert Dulac, normand, beau, taciturne, qui devait plus tard épouser sa sœur.

On recevait beaucoup chez les Duchesne.
La préfecture logeait dans une ravissante
bâtisse Louis-XVI, qui était de l'autre côté
de la rue.

Le régiment de cavalerie cantonné dans
la ville comptait encore parmi ses officiers
nombre d'aristocrates. Bref, reçu ici ou là,
et lisant Paul Bourget, le jeune Jean Jardin
prenait à sa manière la mesure d'un monde
qui allait se détruire.

Si j'éprouve le besoin impérieux de parler
de tous ces gens pour la plupart disparus, et
que je n'ai moi-même pas tous connus, c'est
que je ne peux me résoudre à ce que tout
s'efface.

Au fond, je suis peut-être aujourd'hui le
seul homme au monde qui sache que ces personnes ont existé. Et, comme Chateaubriand,
j'ai fait souvent l'observation que les sociétés
se font et se défont autour de nous avant
même que nous ayons été capables de les
aimer, de les haïr, d'en rendre compte.

Papa, mon frère et moi, quand nous sommes arrivés à Deauville ce jour-là, maman
nous attendait sur les Planches.

Les Planches de Deauville qui avaient été
fournies et mises en place par son grand-
père, Henri Duchesne. Dans ma famille incu-

rablement normande — père de Bernay, Bernayen, mère d'Evreux, Ebroïcienne — tout se coupe et se recoupe, même le vent de la Manche, et aussi les marées d'équinoxe, et aussi les dernières vacances du Nain Jaune, en 1976, qui regardait la mer comme pour voir l'Angleterre...

Souvent, en saison, hors saison, quand je retourne à Deauville, je passe face à la mer, devant la cabine numéro cent cinquante-deux, sur laquelle le Nain Jaune régna si longtemps d'une poigne de fer, surveillant le déshabillage, le rhabillage, la douche des enfants et des adultes, ouvrant les portes, installant des pliants, assignant leur place aux petits cousins, et aux ministres de passage, dépliant les transatlantiques puis les repliant, pour les fermer ensuite, pour cause de vent contraire, de bourrasques soudaines, de pluies sporadiques ou tout simplement parce que l'on voyait Le Havre dans le soleil, ce qui d'après lui annonçait la tempête. Je le revois rinçant les seaux, les pelles et les rateaux, balayant la cabine à l'aide d'un balai de paille de riz avec une telle rage que, vues de loin, les projections de sable qui

sortaient de ladite cabine ressemblaient à de
curieux geysers que les promeneurs distraits
prenaient dans la figure.

Afin d'éviter et de prévenir tout écrase-
ment ou conflit, ses deux chiens étaient arri-
més par leur laisse aux rampes de béton
ajourées qui séparent les cabines.

Toutes les heures, mon père leur demandait :

— Sont-ils beaux ces pères, et n'aiment-
ils que leur père ?

Comme les deux quadrupèdes répondaient
toujours « oui » de la truffe, de la queue et
des oreilles, ils étaient détachés et avaient
droit à une petite promenade dans le sable
jusqu'en bordure des premières « marettes »,
à marée basse, et de l'écume des vagues à
marée haute.

Ma mère se tenait généralement assise à
l'entrée de la cabine, coiffée d'un immense
chapeau de paille ravissant, près de mon père
qui, lui, oscillait debout, pétunant son cigare
à un rythme infernal, guettant de gauche et
de droite quelque chose ou quelqu'un.

Il n'aimait pas que ma mère, ni personne
d'autre d'ailleurs, traverse les Planches pour
aller s'installer cinq mètres plus loin, sous
notre parasol.

Il voyait dans cet éloignement un abandon,

une cruauté qu'il supportait mal. Aussi trouvait-il toujours le moyen de vous rappeler pour commenter un titre de journal, ou vous lire quelques lignes d'un livre.

Après toute une vie aux horaires ahurissants, peuplée de retards et de rattrapages acrobatiques, le Nain Jaune avait découvert sur le tard l'exactitude.

Aussi, quand venait l'heure du repas qui se prenait à douze heures quarante-cinq précises au restaurant de la plage, appelé *le Ciro's*, il fallait, comme le disent les vieux pêcheurs à la ligne, plier les gaules.

Sec ou pas, il fallait se vêtir, se coiffer, démonter les cerfs-volants, étendre les serviettes, mettre à plat transats, pliants et autres fauteuils démontables. La cabine bouclée à double tour, les chiens libérés de leur rambarde de béton, sautant au bout de leur laisse, nous nous mettions en branle pour parcourir en procession tribale les cent mètres qui nous séparaient de notre table, et où nous attendait un maître d'hôtel répondant au nom de Napoléon.

Pendant tout le trajet, le Nain Jaune commentait la vie, la politique, l'évolution des mœurs, et plus particulièrement celles de Deauville qu'il jugeait exécrables.

Il menaçait au passage la nouvelle piscine

futuriste de sa canne, affirmant que, s'y bai-
gner, c'était se plonger dans l'albumine, se
vautrer dans un bouillon de culture, peuplé
de staphylocoques géants et sauteurs comme
les lapins d'Australie.

Il marchait en se retournant sans cesse
pour rameuter les traînards :

— Oh là, derrière, qui m'aime me suive !
La crevette chaude n'attend pas !

Tous ceux qui constituaient sa suite ordi-
naire, ses petits-enfants, ses enfants, sa
femme, sa secrétaire, quelques cousins locaux,
une tante de La Rochelle dont il faudra
reparler, deux ou trois Parisiens généralement ministrables, un vieux scénariste célè-
bre et obsédé sexuel, un grand économiste
qui possédait une maison dans la campagne
voisine, tous ceux-là le suivaient ou le pré-
cédaient jusqu'au moment où nous prenions
enfin place devant l'immense table composée
de guéridons juxtaposés les uns aux autres.

Ce rituel était drôle, quelque peu tyran-
nique, parfois pareil à celui de la veille, et
pourtant toujours extraordinairement différent, car le Nain Jaune était un comédien
qui ne jouait qu'un seul rôle, le sien. Mais
en vertu de métamorphoses mystérieuses, ce
rôle changeait chaque jour.

Souvent, en saison, hors saison, quand je passe sur les planches de Deauville, devant la cabine numéro cent cinquante-deux, j'en regarde la porte : elle est repeinte, comme le passé. Et cependant en fermant à demi les yeux, en laissant respirer la mémoire, en la laissant monter du cœur, j'entends encore son pas sur le bois ensablé, et sa voix qui m'enveloppe, chaude, persuasive. Il me paraît presque qu'il me tient encore le bras, et puis qu'il s'arrête pour me regarder de bas en haut, comme il aimait à le faire avec tout homme de taille normale, c'est-à-dire supérieure à la sienne.

— Tu sais vieux père, ne crois pas les conneries du siècle... Il n'y a qu'un seul cercle qui ressemble parfois à la silhouette de la démocratie. Je l'appellerai l'extrême centre. C'est le lieu impalpable où se croisent les extrêmes de toute nature. C'est un équilibre qui repose sur la tolérance. Mais le charme est rompu. Les fées ont déserté. Nous nous acheminons vers un monde sans ensemble. Tu verras, l'esprit piétine, et puis s'y perd.

# IV

Enfant, j'étais à la recherche d'une iden-
tité, j'étais comme tous ceux dont le cœur
débarque, prêt à être Zorro, prêt à être Pas-
teur, aviateur ou pompier. Le destin fit de
moi seulement ce que je suis.

Comme le père de Chateaubriand, mon
père avait la passion de son nom. Il le trouvait exemplaire de simplicité. Il n'en enviait
pas d'autre. Pourtant, plus haut, dans notre
filiation, rien qui marque, ni savant, ni militaire, ni prélat de haut vol, seulement des
paysans enracinés sur le plateau du Neu-
bourg.

C'est peut-être cette absence de gloire pas-
sée qui lui donnait à penser que, s'il avait
eu un blason, il aurait été vierge de tous ces
faits divers, vols, viols, rapines et crimes,
qui hantent les armoiries de toutes les grandes familles. Les forfaits du commun ne sont

pas consignés dans les livres d'histoire. Le
vent les emporte.

Mon père disait parfois avec une fierté
naïve et belle :

— Nous sommes français.

Il ne le disait pas comme un patriote, mais
plutôt comme un homme qui a appris à lire
dans les *Essais* de Montaigne, et pour qui la
lumière de la Touraine au printemps est la
plus belle du monde. Il avait une curieuse
manière de se présenter seul, à moitié militaire, à moitié comédienne :

— Jean Jardin !

Ce nom que Giraudoux trouvait le plus
beau, mon père le portait comme un titre
acquis au feu d'une vie de passions. Pour
lui qui méprisait très profondément les
honneurs classiques, être né Jardin, c'était
un peu comme être né Brissac, Broglie,
Clermont-Tonnerre, Lusignan, mais tout
cela avant, du temps des rois. Il s'était
anobli tout seul, en secret, et les autres le
savaient et le reconnaissaient. Admirable
folie, qui vite ne l'était plus, puisque
c'est les autres eux-mêmes qui la rendaient
normale.

Pour me présenter à ses amis, il ne me
trouvait qu'un titre :

— C'est mon fils.

Quand on lui parlait en mal de mes livres il répondait :

— Apouh, apouh...

Critique littéraire globale qu'il soulignait et terminait d'un geste large et universel.

Quand on lui parlait en bien des mêmes livres, il répondait :

— J'ai fait l'auteur.

Au fond, il était snob, mais pas comme maintenant, ni comme hier, comme l'était Proust, comme un poète.

Il disait qu'il aimait les duchesses et les femmes de ménage. Ce n'est pas elles qu'il aimait vraiment. C'est l'image qu'il se faisait des unes et des autres.

Comme certains peintres du dix-septième et du dix-huitième siècle, il avait dans la tête des images idéales. M'en a-t-il raconté des histoires de dames du meilleur monde, follement belles, extraordinairement distinguées, qui descendaient d'Hispano-Suiza pour gagner à pas légers de sombres hôpitaux où elles soignaient des lépreux.

A l'entendre, les femmes de ménage, les vraies, les grandes, les Hermione et les Phèdre de l'emploi, avaient cessé d'exister depuis qu'il en avait connu une dans son enfance : elle avait chaud, elle était belle, et sa chevelure immense était tressée en nattes.

A genoux, elle lavait à grande eau de rivière
le carrelage Louis-XIV d'un château. Autour
d'elle, la regardant de leur cadre austère,
plusieurs maréchaux d'Harcourt, peints par
Philippe de Champaigne. Elle était si dési-
rable, tellement nimbée d'une transpiration
laborieuse et divine, qu'un sublime jeune
capitaine d'industrie qui passait par là s'ar-
rêta, lui fit un enfant et l'épousa.

Le soir, entre amis, la réalité était donc
chassée de la maison. Le Nain Jaune racontait une vie de contes de Grimm ou de Per-
rault, ses visions étaient si parfaitement
exquises, et cependant si précaires... car avec
lui, juste derrière la main qui soulignait le
verbe ou le contredisait, se tenait prête la
réalité tragique de toujours et de chaque jour.
De temps à autre, il la faisait fondre sur
l'assistance, tel l'aigle royal qui terrasse le
lapin.

Mais il n'était pas dupe de ses propres
rêveries. Il le savait mieux que quiconque,
que les bergères bleu pastel des tableaux ne
sont que des croquis peints, et les duchesses
souvent des putains, et les femmes de ménage
des femmes malheureuses, avec des varices,
des vies privées d'amour et le cœur à ras de
terre.

Il savait bien toutes les misères du monde

dans les moindres détails, mais il les niait.

Il aimait essentiellement trois types de personne. Les originaux, tel un vieux Slave dont nous parlerons plus tard, les gens de condition très modeste, en qui il reconnaissait ses racines et sa jeunesse, et qu'il aidait, protégeait, sauvait même parfois, le tout en secret, avec la compassion qu'il aurait voulu qu'on lui témoigne dans son enfance, mais aussi avec le despotisme éclairé d'un homme qui veut être pris pour le Bon Dieu, afin de se sentir moins seul. Enfin, les troisièmes personnages retenant son attention étaient un certain nombre de grands de ce monde, généralement sans rapport les uns avec les autres.

On remarquera ici que la bourgeoisie moyenne n'avait pas sa faveur. Avait-il la sienne ? Sûrement pas.

De la galerie de ma mémoire, je vois émerger l'un de ces puissants du monde. Il était immense, maigre, austère et, je crois, fort timide.

Mon père en raffolait comme ma femme raffole du chocolat. Dès qu'il le voyait paraître, le Nain Jaune était frappé et transpercé de plaisirs divers. Son ami, par contre, manifestait fort peu. Cet homme qui avait occupé les plus hautes fonctions, dont celle de chef du pouvoir exécutif, parlait à mots comptés.

Du haut de sa tête qui émergeait d'un costume anglais, il promenait sur le monde un regard sceptique, terriblement bien élevé, que venait contredire un sourire retenu, narquois et secrètement déçu.

La différence de taille entre les deux amis était considérable, et quand je les voyais déambuler côte à côte, je ne pouvais m'empêcher de penser à Zig et Puce.

Par jeu, il appelait le Nain Jaune « grandpère », comme mes enfants :

— Vous comprenez, grand-père, quand Kennedy m'a dit...

Cette manière de s'exprimer n'allait pas sans créer un certain effroi dans les lieux publics, car les deux hommes étant presque de la même génération, il était impossible que l'un fût le grand-père de l'autre.

De plus, l'homme politique n'avait pas un visage à plaisanter. Alors, quelle explication logique y avait-il pour ceux qui entendaient ? Aucune.

Les sommeliers, les serveurs et les maîtres d'hôtel vaudois ouvraient des yeux grands comme des soupières :

— Vous comprenez, grand-père, si le franc sort du serpent...

Une fois l'an, l'illustre ami de mon père venait en Suisse pour y acheter un tricot

dans une boutique anglaise du centre de Lau-
sanne.

Mon père l'y accompagnait pour lui pro-
diguer des conseils sur le choix du modèle
et du coloris.

Dans les rues en pente de la vieille ville,
on voyait donc Puce qui accompagnait Zig.

Dans le magasin ancien aux boiseries
d'acajou foncé, un vieux vendeur stylé, légèrement pédéraste, exhibait ses cachemires.

Puce fumait son cigare, les mains dans le
dos, pendant que Zig, immense, rêveur, ailleurs, passait les laines neuves avec des gestes ralentis. Il tournait lentement devant la
glace à trois faces qui multipliait son image
à l'infini.

— Que dites-vous de celui-là, grand-
père ?

— Epatant !

Il répondait toujours « épatant » et son
ami achetait toujours le même tricot, et la
stupeur frappait chaque fois le vieux vendeur
légèrement pédéraste. Tout cela n'était pour
eux deux qu'un jeu d'amitié de grandes et
vieilles personnes qui fabriquent de l'enfance
en faisant des bêtises.

*
**

Les laines, les flanelles, les bonnets, les
divers tricots de corps appelés par lui « finet-
tes », tenaient dans la vie du Nain Jaune
une place aussi considérable que ses livres.

Que ce soit en Suisse, en Normandie ou à
Paris, dès qu'il était dans sa chambre, il se
couvrait de vieilles laines mitées, trouées,
dépenaillées, que sa secrétaire particulière
lui changeait prestement pour des neuves, de
secours, dès que s'annonçait une personne de
qualité.

Le soir ou en fin d'après-midi, une fois
calé dans sa couche, les coudes soutenus par
des traversins, les pieds relevés pour la cir-
culation, les mains gantées de laine, le nez
chargé de lunettes, un vieux cigare « tous-
seur » dans un coin de la bouche ou à portée
de main, il manipulait ses ouvrages favoris,
les prenait, les jetait, les racontait, les citait,
les querellait et les interrogeait comme s'ils
eussent été des personnes vivantes.

Cet exercice communiquait aux écrits une
grâce dont leurs auteurs étaient souvent privés. Il mettait à lire le talent que fort peu
mettent pour écrire. Les textes s'en trouvaient
transfigurés et, dans sa vieillesse, le Nain
Jaune, les jours de petites grippes, arrosées

de grands grogs, du fond de ses lits immenses (il n'en voulait de petits et anciens que pour ses amis et ses enfants), gesticulant, jouant avec les livres comme avec des hochets, bardé de laines diverses, sautant et tressautant sur le matelas au rythme de sa pensée, et des pages tournées, me faisait penser à une sorte de Voltaire ou bien de Talleyrand.

*
**

L'immense originalité de gestes, de pensées, de mœurs et d'ablutions, de certains hommes de cette génération, meurt lentement et sûrement avec eux et avec la fin du vingtième siècle.

Winston Churchill prenait sa douche en pleine guerre, dans un avion mitraillé, assis dans un « tub » de caoutchouc, circulaire, disposé dans la carlingue. Il agitait ses orteils dans l'eau savonneuse pour tenter d'attraper un poisson en éponge qui lui venait de l'enfance.

Clemenceau, accusé publiquement d'être l'amant de la reine d'Angleterre, grimpa à la tribune de la chambre des députés, releva les pans de sa redingote, montra son gros derrière et hurla aux élus :

— Oui, messieurs, la reine est folle de ce bijou-là !

Le grand-père de ma femme qui vient de mourir dans sa terre poitevine, à près de cent ans, qui avait été sous-préfet de Pontoise, et qui produisait avec sa vigne un vin hallucinogène, qui rendait de surcroît aveugle, avait chaque soir pour habitude de jeter des outils dans son potage afin de le refroidir plus rapidement.

C'est avec impassibilité que son vieux garde-chasse le voyait empiler tenailles et tournevis dans l'assiette creuse remplie de soupe au poireau, dans laquelle il rajoutait, pour terminer, quelques croûtes de pain, du fromage râpé et un doigt de vin rouge. Bon appétit, grand-père, et que Dieu vous préserve dans les vallées heureuses des princes, des fous et des enfants !

Le Nain Jaune, lui, était fort porté sur des exercices insolites qui avaient pour but d'éviter l'apoplexie.

De même Talleyrand, à la fin des repas, faisait-il disposer devant lui une bavette de toile cirée, puis s'administrait par le nez un grand verre d'eau dans chaque narine, et recrachait le tout en public et par la bouche, dans un fracas infernal de « atchums », de « glouglous », et de « rototos ».

Eh bien, le Nain Jaune, lui, craignait la mort par étouffement dû aux arêtes de poisson ! La solution aurait été de supprimer le poisson. Il en préféra une autre, plus conforme à sa nature complexe. Il fit installer, dans sa maison de Suisse, la salle à manger contre une salle de bains. Son propre siège était proche de la porte de ladite salle de bains.

Quand le repas était composé de viande, tout se passait bien, et il n'y avait à proprement parler pas d'extravagance d'un autre âge à raconter, mais quand il y avait du poisson, et surtout du brochet, avec du beurre blanc, et un ancien ministre, plus quelques hauts fonctionnaires de la Confédération helvétique, voilà ce que cela pouvait donner :

Le Nain Jaune, en tant que maître des lieux, venait d'être servi par son valet de chambre en dernier, et s'empiffrait de manière infernale en citant Montesquieu — il s'est goinfré toute sa vie avec une avidité de loup, et dans les premières minutes des repas, celui qui aurait avancé un doigt du côté de sa bouche aurait parfaitement pu se le voir sectionner. — Les choses en étaient là, quand mon père crut sentir une arête lui piquer le gosier !

Il se leva d'un bond en renversant sa chaise, se tenant la gorge à deux mains et hurlant à ma mère d'une voix qui montait tout à coup de la sous-ventrière :

— Simone, ça recommence !

— Calmez-vous, mon chéri.

— Impossible !

Il se jeta sur le pain, en arracha toute la mie et l'enfourna dans sa bouche, dans l'espoir qu'elle enroberait l'arête meurtrière : peine perdue !

Il disparut alors dans la salle de bains dont la porte était restée ouverte. Famille, invités de marque, valet de chambre, demeuraient impassibles, malgré les bruits déchirants, et les jurons, mêlés aux trombes de chasse d'eau, tirées et retirées qui provenaient d'à côté !

Ma mère, habituée à voir son époux transformer les piqûres de guêpe en super-phlegmons, gardait un calme antique.

Pourtant les échos et les éclats de la bataille sans merci que le Nain Jaune livrait au fragment de brochet prenaient un volume sonore tel, ses râles inhumains faisaient résonance dans la lunette des water-closets à un vibrato si lugubre que les Suisses finirent par s'inquiéter vraiment. L'un d'eux demanda même à ma mère :

— Je crois que votre mari a des problèmes au cou !

Un « beurk », suivi d'un bruit de lavabo bouché qui se vide, grâce à un démontage total du siphon, servit de réponse à l'Helvète.

Quelques instants plus tard, les yeux rougis, mais le regard vif, le Nain Jaune reprenait sa place à table sans avoir donné à personne la moindre explication.

Ses vomissements romains, la frayeur de l'arête, tout cela avait contribué à aiguiser sa soif et son appétit. Il siffla une bouteille de champagne, liquida une terrine de lapin en gelée, raconta mille histoires qui le firent tant rire qu'il faillit éprouver un second étouffement.

Si je raconte ce qui précède, et ce qui va suivre, c'est pour tenter d'ébaucher le Nain Jaune. Il me paraît qu'il est un des derniers Occidentaux à avoir vécu de manière totalement aristocratique, je veux dire, ne prenant de véritable référence que par rapport à lui-même, considérant qu'il était lui le chic, et les autres des ploucs, allant même jusqu'à penser que ceux qui ne craignaient pas les arêtes de poisson, et ne se couvraient pas de vieilles laines au plus chaud de l'été, étaient des dinosaures sans l'ombre d'intérêt. Il prônait ses propres extravagances, d'abord

pour faire rire et désarmer ses détracteurs,
ensuite pour s'en exorciser lui-même, et enfin
pour frapper l'imagination de ses interlocuteurs afin de mieux les séduire.

♣<br>♣♣

— Nous ne sommes que des sacs de peau
traversés d'énergies !

Celle qui s'exprime ainsi croit que la
grande Pyramide guérit l'eczéma, si on y
applique sa photographie sur l'arête nord-
est !

Elle croit également qu'il convient de divi-
ser l'âge du prophète Ezéchiel la veille de sa
mort par le nombre de pommes de terre
qu'elle rapporte du marché, afin d'en obtenir
un nombre ultime, qui remplace la pilule, et
permet grâce à une règle de trois d'établir
une harmonie sexuelle parfaite avec son par-
tenaire !

Il n'est point de texte cabalistique dont
elle ne connaisse le code, ni d'aiguilles chi-
noises qu'elle ne sache où planter, point de
hiéroglyphe qu'elle ne fasse causer, point de
sombre vérité intérieure et para-naturelle
qu'elle ne fasse sortir de l'ombre ou du puits !

Avec elle une porte qui claque n'est jamais

un courant d'air, mais un signe des dieux. Sa radio est branchée sur l'au-delà, sa télévision reçoit les émissions des plus lointaines planètes. Elle ne se nourrit que de protéines qui s'annulent, de racines courbes provenant de basse Bretagne, et ne s'exprime qu'avec la gravité symbolique de Ludmilla Tchérina dans le rôle de Salomé !

Vous l'avez tous reconnue, il s'agit de ma tante Denise, sœur légèrement cadette de ma mère, surnommée « les Tantes Jeanne » par le Nain Jaune, peut-être parce que, à elle toute seule, elle fait beaucoup de monde.

Depuis la jeunesse de mon père, et depuis mon enfance, le Nain Jaune et moi-même avons toujours cuisiné, mitonné et nourri les sentiments les plus biscornus à l'égard de celle que nous appelions également « la penseuse rustique », « Raskolniquette », « la conférencière des Côtes-du-Nord », « Bovariquette », « la vache qui vote » et autres titres de bassesse, tous plus déplaisants et plus absurdes les uns que les autres.

En réalité, il y a là un mystère, et je crois aujourd'hui dans la force de mon âge que Tata de La Rochelle n'a peut-être jamais été atteinte d'aucune des folies dont le Nain Jaune et moi l'accusions sans répit.

Pour des raisons que seule une longue psychanalyse aurait pu éclaircir, la présence de cette femme nous rendait lui et moi complètement névrotiques.

Dès qu'il était en sa présence, le Nain Jaune devenait fébrile, bavard, fiévreux, tendre et venimeux, et d'un antiféminisme viscéral.

Moi-même, je n'ai jamais pu la voir sans que son goût littéraire pour la profondeur ne me bloque tripaille et plexus, et sans que ne me montent aux lèvres les propos les plus virulents.

La malheureuse, dont la réalité n'était que la tendresse même, a dû beaucoup souffrir de nos débordements qui allaient parfois jusqu'à l'extravagance.

Tata de La Rochelle, mon père et moi, nous avions décidé qu'elle était une précieuse, nouvellement ridicule. Et puis, surtout, nous la condamnions sans appel, car elle incarnait à nos yeux tout ce que nous détestions, la province qui n'est pas celle de Charles Trenet ni de Stendhal, la vertu d'une honnête femme, et non celle des flagellants de Séville, un certain équilibre, le sens du devoir, de la raison et de l'économie.

Les qualités honnêtes additionnées de la sorte par nos esprits partisans finissaient par produire le dessin d'un profil abominable.

Certaines nuits de gaieté, de bien boire et de paradoxes, quand nous n'avions personne à nous mettre sous la dent, le Nain Jaune et moi-même, nous nous échauffions la bile sur son compte :

— Même pas une pute !

— Même pas une sainte !

Et il ricanait, comme j'aimais à croire qu'on ne savait le faire que sous l'Ancien Régime.

Bien sûr, de temps à autre, elle apprenait nos excès. Elle en éprouvait une peine légitime. Elle ne voyait pas bien que nous n'étions parfois que deux espèces de marmites surchauffées en quête d'explosion.

Pauvre, chère, charmante Denise de La Rochelle, innocente victime de la folie des fous...

Si sur Tata, mon père et moi étions en accord lâche, démoniaque et parfait, sur ma femme, il en allait tout autrement :

— Tu ne l'as jamais aimée ! me disait-il.

Il faut préciser que ma femme me répétait souvent, en parlant de mon père :

— Tu l'as toujours haï !

Mon père, ma femme. Je n'ai jamais cru tout ce qu'ils me disaient. J'ai toujours cru en eux. Ils étaient comme l'eau et le feu, semblables par bien des ressemblances, incompatibles sur tous les points.

Pourtant, fille de son meilleur ami, elle avait été élevée en partie chez nous, comme moi chez elle.

Jeune, mon père fréquentait beaucoup à Paris, rive gauche, la maison des parents de ma femme, distante de cent mètres de notre appartement. Il y avait une chambre atti- trée. Il y couchait de temps à autre, et même y recevait, notre trois-pièces étant trop petit, et ma mère éloignée par nature de toute vie mondaine. L'interpénétration des deux famill- es ne simplifia jamais rien, au contraire.

En voici les raisons limpides et compli- quées :

Ma belle-mère, femme d'une beauté uni- que aux mariages multiples, fascinait mon père. Il la redoutait et la convoitait comme on pouvait le faire en ce temps-là, avec la femme de son meilleur ami : de loin.

Cependant pas d'assez loin pour ne pas voir qu'elle appartenait à la race de celles pour qui l'amour peut prendre plusieurs visages.

Furieusement monogame pour sa femme et pour celle des autres, ce n'est pas sans angoisse que mon père voyait vieillir celle qui allait devenir ma belle-mère, pendant

que sa fille, ma future femme, poussait
superbe et droite vers une destinée semblable
à celle de sa mère.

Pour lui, voir se faner l'une n'avait
rien de rassurant, puisqu'elle était peu à peu
remplacée par l'autre : relais de la beauté,
et relais du destin, comment pouvez-vous
donc susciter des sentiments si profondément
contraires ?

Comment peut-on rejeter une femme qui
est par bien des points la réplique de celle
que l'on aurait voulu posséder ?

Sommes-nous tous des renards et le rai-
sin est-il trop vert, ou bien les passions ina-
vouées engendrent-elles la pestilence ?

Moi, comme certains, j'aimais d'autant
plus ma femme qu'elle avait le pouvoir de
plaire.

Mon père la détestait pour la même raison.

Et elle, ma femme, elle lui en voulait mor-
tellement de se méfier de son charme, et de
ne voir dans sa jeune beauté qu'une fleur
vénéneuse.

Les femmes veulent bien être jugées sur
leurs actes qui ne les engagent jamais, mais
elles exècrent ne pas être aimées pour ce
qu'elles sont.

Ma femme détestait donc mon père avec
une franchise gaie.

Et voilà que la pensée de ma femme
m'amène à la pensée de ma mère, qui n'aima
que mon père, et à travers lui quelques hommes, et en définitive que ses fils.

Mon Dieu, quel beau désordre ! Famille
folle, détestable, merveilleuse, où chacun
criait fort en écoutant surtout le son de sa
propre voix. Famille chaude, enfance avec
bons Noëls, anniversaires joyeux. Même les
chutes de mes dents de lait donnaient lieu
à des cadeaux nocturnes, censés être appor-
tés par des souris bienveillantes, humaines
et bénévoles.

Et aujourd'hui, ma mère seule. Bien sûr,
il lui reste ses garçons. Mais des fils ne sont
point un époux, encore moins un amant, un
tendre foutrac, un inventeur de drames de
vie et de comédies secrètes et sans fin, encore
moins un Nain Jaune.

La véritable vieillesse commence avec l'absence de l'autre.

Si la vie a tapé sur moi comme sur un
tambour, je n'ai pas encore vu de près la
vieillesse.

La vieillesse : quand la tendresse s'en va
toute seule, sans l'autre, et les deux bras, et
la bouche qui n'embrasse plus parfois que
le front des enfants.

Très jeune, je prenais les conseils que les

vieux se donnaient pour des phrases ennuyeu-
ses :

— Ne rentre pas trop tard. Surtout ne
prends pas froid...

J'ignorais que c'était la dernière manière
de se parler d'amour.

Je revois ma mère, lorsque mon père prenait le train de nuit qui l'emmenait vers
Paris :

— Ne prenez pas froid...

Cela voulait dire : « Pensez à moi, ne
mourez pas, revenez-moi. » Et lui, avec un
petit sourire agacé et tendre, mettant un gros
manteau, un manteau gros comme lui, et puis
l'écharpe et le chapeau.

*
**

Le temps a filé plus vite que le vent.
Plus vite que la mémoire. Je pensais le Nain
Jaune mort il y a quelques mois. Non, ce
n'est pas exact. Je ne pensais rien de précis
là-dessus. Peut-être par peur de savoir. Et
cependant, aujourd'hui, un an jour pour jour
qu'il s'en est allé, mes frères, qui non seulement croient en Dieu, mais aussi en l'Eglise
Apostolique et Romaine, font célébrer une
messe pour cet anniversaire.

Elle a lieu à cinq heures du soir en l'église Sainte-Clotilde, un jour de grève.

On me dira plus tard que les embouteillages auront eu raison de la présence de ses amis les plus fidèles.

Moi, de toute manière, je n'aurais pas pu y aller, ou alors j'aurais commis un abandon de poste devant l'ennemi.

Je suis l'auteur d'un film hors de prix, qui porte les espoirs hypothétiques de survie d'une partie de la production française. Les prises de vue commencent impérativement dans trois jours, et le travail n'est pas terminé. Et chaque heure de retard va coûter des dizaines de millions anciens. Je suis donc interné. Oui, c'est le mot exact. Enfermé dans une chambre d'hôtel avec un petit homme pathétique au crâne dégarni, au museau de renard, qui, dans les cas d'anxiété ultime, possède un appendice nasal qui s'allonge encore jusqu'à le faire ressembler à un fourmilier imaginé par Freud ou bien par Jérôme Bosch.

On ne peut vraiment ni discuter ni convaincre le petit homme. On peut seulement l'écouter, voire le canaliser. Sa force est celle de la marée montant à la vitesse d'un cheval au galop. Il a derrière lui l'assurance de mil-

lions de rieurs, la grande armée du fou rire,
de sept à soixante-dix-sept ans. Il fait sortir
de chez eux les normaux, les mongoliens, les
infirmes, les sourds, peut-être les aveugles,
qui se précipitent par légions dans les salles
obscures, pour respirer l'oxygène suractivé et
vivant que dégage à l'écran ce malade au-
thentiquement désespéré.

Il me propose d'une voix timide, incertaine, cette étonnante phrase, dont je sais
qu'à l'arrivée elle sera une obligation. Personne comme lui ne supplie comme un ordre.

— Sept millions plus sept millions éga-
lent quinze millions !

Jouant déjà la scène de l'industriel égaré,
me considérant comme la caméra et peut-être
même comme le public, il jette le crayon
dont il parcourait un bilan imaginaire :

— Tout augmente !

En d'autres circonstances, ce propos surréaliste m'aurait enchanté, mais là, j'ai le
cœur hors les murs.

Le petit homme parle et parle encore. Ses
mains vont plus vite que ses phrases. Il expé-
die les adjectifs par des claquements de doigts
et des froncements du nez. Il abolit les répon-
ses en ouvrant démesurément les yeux et,
ô mystère anatomique, en haussant brusquement le niveau de ses oreilles.

Cet homme souffrant, sachant beaucoup sur la nature humaine et sur l'art de faire rire, ne sait cependant plus grand-chose, tant l'angoisse l'embrouille. Pourtant, il règne sans partage sur le cinéma comique européen, ses grimaces sont de l'or et ses silences aussi.

Je me trouve avec lui un peu en porte à faux.

Moi, mon espérance de faire rire réside dans le fait d'écrire des choses drôles.

Lui, l'expérience lui a appris que moins il en dit, plus il en fait passer. Il hait le verbe. Que puis-je lui offrir d'autre ? Il sait et je sais également qu'il a raison. Que ses « couaks », ses « apouhs », ses « beurks », ses « oh » de violoncelle, ses « hi » de clarinette, ses « psst » tourbillonnants, son nez écrasé par son propre index en disent beaucoup plus long que le plus long discours.

Pour lui, l'art de tout dire réside dans un désert dramaturgique peuplé de cris animaux de bruits para-intestinaux que soulignent par la suite une musique et une bande sonore appropriées.

Quand nous aurons fini la révision de ce scénario, et que commencera le grand ballet du tournage, tout ce que j'aurai patiemment et préalablement écrit aura disparu. Le dialogue broyé, mixé, tordu comme une serpil-

lière sur un carrelage humide, sera méta-
morphosé en espéranto burlesque.

Je fais mon travail du mieux que je le
peux en me réjouissant du comique secret
qu'il y a à terminer une histoire dite drôle,
un jour d'anniversaire de deuil véritable.

Mais au diable ma peine, et que revive
Scapin, et ses coups sur le dos, faits d'un
bâton fendu qui résonne à l'écho sans faire
mal à personne.

# V

Même lorsque la traction à vapeur eut disparu, le Nain Jaune qui avait quitté la direction de la Société Nationale des Chemins de fer Français, depuis fort longtemps, le début de la guerre, se considérait toujours dans un train comme chez lui. Ou plus exactement comme en pays conquis.

Des aventures dignes des Mousquetaires bercèrent donc mon enfance, mon adolescence, puis mon âge adulte, au bruit évocateur, régulier et obsédant des roues et de leurs bogies passant d'un rail sur l'autre.

Mes souvenirs de « tac-tac-tac » sont rapides. En effet jusque vers 1945, époque de la reconstruction et de la modernisation du réseau ferré, le rail court était en usage. Mais le progrès aidant, et les problèmes de dilatation qui provoquaient les déraillements ayant été résolus, les voies métalliques furent soudées bout à bout en d'immenses tronçons.

Le premier démêlé sanglant du Nain
Jaune avec la SNCF, qu'il aimait de passion,
et qu'il venait, sous l'égide de Raoul Dautry,
de faire naître d'une fusion des anciens
réseaux Rothschild, eut lieu quelques jours
avant ma naissance. Le récit m'en fut maintes
fois conté. Le voici :

L'action se situe en gare d'Evreux, début
mai 1934. Venant de Paris, mon père et ma
mère descendent de la « Rame saucisson »,
chemin de fer futuriste dont la coupe était
celle d'un œuf et qui a disparu depuis.

Ma mère était fort grosse, puisque je suis
né le 14 de ce mois-là, le jour de son propre
anniversaire, et que je devais me révéler un
bébé de poids.

Ma mère, donc, demanda à son époux de
ne pas emprunter le souterrain et ses esca-
liers, mais plutôt de couper au plus court, à
travers voies, sur le passage de planches qui
permet le trafic des chariots, des caisses et
des valises.

Le Nain Jaune prit alors avec autorité le
bras de son exquise épouse, et l'entraîna sur
ce chemin interdit au public, pour la même
raison que les passages à niveau, à savoir —
ô chef-d'œuvre qui m'a toujours fait rêver,
tant le sens en est large — « qu'un train peut
en cacher un autre » !

Le sous-chef de station, robuste moustachu, héla le Nain Jaune et lui commanda de faire demi-tour. Le tout sans ménagement.

La réponse ne se fit pas attendre. Accélérant l'allure au lieu de la stopper, le Nain Jaune donna au préposé un conseil où il était question de l'urgence pour lui de se faire empailler !

Voyageurs, lampistes, porteurs attirés par le bruit regardaient l'incident. Un mot plus vif qu'un autre amena l'algarade. Le sous-chef de station, sûr de son affaire, et malgré les cris de ma future mère, contourna son adversaire qu'il jugeait négligeable et de poids et de taille — c'était là commettre une funeste erreur, la suite vous le dira — le sous-chef, en effet, empoigna le Nain Jaune par le fond de la culotte et par le col de la veste. Le soulevant littéralement de terre, et malgré ses vociférations abominables, il le poussa et le porta jusqu'au bureau du chef de gare, pièce assez spacieuse, joliment éclairée, et pourvue d'un jeu de manettes énormes, destinées à faire manœuvrer à distance les aiguillages. Ce local charmant a disparu depuis, tué par l'ignoble électronique ! Mais nous n'en sommes pas là.

La porte du bureau se trouve ouverte sous

les coups de poing et les ruades du Nain
Jaune. On le dépose comme un paquet devant
le bureau du chef de gare, fonctionnaire à
cheveux blancs et à binocles d'or. Ma mère
suit comme elle peut, émettant quelques
phrases inachevées et littéraires, bref quelques formules qu'elle a, et qui ne lui ont
jamais permis de faire partager son émoi au
commun des mortels.

Devant ce début d'émeute, où les plaintes
de la femme couvrent les cris des protago-
nistes, le chef retire son pince-nez, et demande comme Foch :

— De quoi s'agit-il ?

La réponse fut brève et massive. Une bouteille d'encre d'un litre pourvue d'un bou-
chon verseur pour remplir les encriers traî-
nait là. Mon père s'en saisit et la fracassa
sur le crâne de son vis-à-vis qui, ne portant
pas de casquette, amortit mal le choc. Le trio
de combattants disparut dans un nuage noir
de pieuvres touchées à mort. Le sous-chef
chercha à étrangler mon père qui, j'hésite à
l'avouer car ce n'est pas très beau, le terrassa
d'un coup de pied au bas-ventre.

La journée se termina à l'hôpital, puis au
commissariat et l'affaire fit grand bruit dans
la presse locale.

Le Nain Jaune reçut une semonce de Raoul

Dautry sur la sottise qu'il y avait à frapper les chefs de gare. Les victimes obtinrent un avancement inespéré, et la gare d'Evreux se vit offrir une prime dite « de gare fleurie ».

Des péripéties comme celle-là, il y en eut mille, il y en eut tous les jours.

Mon père actionnait la sonnette d'alarme comme on tire la chasse d'eau. Il se battait avec les policiers comme dans les vieux films américains. Il frappait noir et blanc et encaissait Bogart.

Un matin, à Deauville, il conduisait sa Buick, véhicule de haute époque, dont le volant lui arrivait au ras des yeux, car il avait perdu le gros coussin que sa chienne Minnie avait dévoré à la suite d'un agacement dentaire.

C'est alors qu'à l'âge de soixante ans et plus, il fut arrêté par un gendarme myope qui trouvait qu'il n'en dépassait pas beaucoup au-dessus du pare-brise, et qui lui demanda s'il avait l'âge du permis.

Il reçut une réponse en forme de cyclone, tel qu'on en voit à la Jamaïque ou à Nagasaki : casquette enfoncée jusqu'aux oreilles, coups de poing, coups de pied, menottes, commissariat, intervention ministérielle, tout le monde fut alerté, même la RATP et la SPA ! Personne n'y comprenait plus rien. C'était la fête. Et puis, comme toujours en pareil cas, l'effroi du malheureux gardien de la paix cherchant du réconfort auprès de son gradé :

— Je ne lui avais rien fait. Je lui demandais son permis...

Et la voix d'imperator du Nain Jaune couvrant tout :

— Saint-Brieuc est trop haut, vous serez muté en basse Bretagne ! A la pointe du Raz, incapable !

— Allez-vous vous taire ?

— Jamais !

Et le Nain Jaune criait d'une voix folle et gaie : « A la pointe du Raz ! » comme on criait avant : « A la tour de Nesle ! »

Mais ce sont bien les chemins de fer qui restaient les théâtres imaginaires privilégiés où il réinventait pour moi et pour les siens le monde de Cervantès. Il était Don Quichotte. J'étais souvent Sancho et parfois Rossinante.

Voyez plutôt :

1955. Minuit, gare de Lyon. Le Nain Jaune, mon frère aîné et moi-même nous apprêtons à prendre l'Orient-Express pour aller passer Noël en Suisse avec ma mère.

La nuit est claire, gelée et belle. En bons

fils, nous suivons notre père, qui arpente le quai d'un pas propriétaire, vers la très vieille voiture wagon-lit dont il a obtenu de la Compagnie qu'elle la laisse en service sur le parcours Paris-Lausanne qu'il emprunte chaque semaine.

Tout va bien. Nous aurons des compartiments de marqueterie communiquant les uns avec les autres. Ce sera un voyage de roi, et, par ma porte ouverte, papa me fera le point sur la politique, il me citera Shakespeare, Gœthe et quelques autres.

Au moment de monter en voiture, j'entends un couinement. C'est un jeune basset qui vient de recevoir sur les fesses un coup de laisse de son propriétaire, un grand gaillard vêtu d'un pardessus en poil de chameau et escorté d'une jolie femme, genre boîte de nuit.

Avant que je n'aie eu le temps de rien, le Nain Jaune percute le brutal.

— Il y a des lois qui protègent les chiens contre les ivrognes, sadique !

Le gaillard se renfrogne. C'est alors que, dans l'espérance inepte d'arranger les choses, la donzelle dit à son ami d'une voix à l'accent méditerranéen :

— Laisse tomber, chéri, tu vois bien que c'est un avorton !

Miséricorde ! Le Nain Jaune la traite de poufiasse, ce qui était peut-être juste, mais non point chose à dire.

Outragé, l'individu fait mouvement.

Mon frère aîné, sportif et entraîné, s'interpose avec moi. Nous bredouillons tous deux qu'il s'agit assurément de quelque malentendu.

Profitant de ce retard apporté dans l'avance de l'ennemi, le Nain Jaune lui décoche un coup de pied féroce de sa chaussure pointue, taillée et façonnée à Londres dans un agneau mort-né.

Touché dans son tibia et dans son amour-propre, le gaillard rugit et décoche un coup de poing qui m'écrase le nez.

Glapissements de la donzelle et mêlée générale. Le basset mord mon frère.

Poussant son avantage sautillant, le Nain Jaune estourbit l'ennemi d'un coup de la lourde serviette en cuir noir dont il ne se sépare jamais. Atteint au visage par cette grosse masse bourrée de documents officiels, le gaillard s'effondre.

Partant sans doute du principe que lorsque l'on est petit, et que l'on a mis un grand à terre, il faut le finir vivement, le Nain Jaune qui a accroché un deuxième souffle vengeur, lui martèle les côtelettes à coups de pied redoublés.

Le chef de train et le voiturier des wagons-lits s'interposent à leur tour. L'heure du départ est là. On monte en catastrophe et le convoi s'ébranle. La donzelle est à notre bord. Ne reste sur le quai que le frappeur de basset.

Par la fenêtre ouverte, le Nain Jaune lui crie des menaces homériques.

La respiration bloquée, quelques entrecôtes fêlées ou coincées, le malheureux ne peut même pas répondre. Il se perd dans la nuit. Nous ne le reverrons jamais.

Nous nous couchons très en froid avec la donzelle qui occupe un compartiment voisin des nôtres. Avant de disparaître, elle annonce au Nain Jaune :

— Il y aura des suites !

— Où vous voulez, quand vous voudrez, et les suites, ça me connaît !

Comprenant mal ce langage lourd de sous-entendus politico-policiers, elle referme la porte et nous en restons là.

Je m'alite le nez turgescent, et ne trouve le sommeil que bourré d'aspirines.

Cinq heures du matin. Le train s'est arrêté à Frasne, petite gare du Jura. Le Nain Jaune, vêtu d'un pyjama de coton bleu tendre, fait irruption dans mon compartiment.

— On devrait être repartis depuis plus de trois minutes !

— Ah bon...

Ahuri et hagard, je me dresse sur mon séant. Il baisse ma vitre. Un froid polaire envahit l'atmosphère douillette. Un employé se profile, une lanterne sourde à la main.

— Que se passe-t-il ?

— C'est une panne, répond le nocturne, recouchez-vous.

— C'est une panne à la voie ou c'est une panne au train ? Un ennui de traction ou alors aux voitures ?

Impressionné par la technicité du langage, le préposé finit par avouer qu'il s'agit de la traction.

— Nom de Dieu, debout, les gars, faut aller voir !

Mon pauvre frère et moi, on s'habille comme on peut, et on suit le Nain Jaune tout au long du couloir.

Vêtu de sa robe de chambre, coiffé de son chapeau, il saute sur le ballast et court vers la tête du convoi. Je me tords les pieds dans la caillasse oblique. Avec la vivacité d'un vieux singe africain, il grimpe dans la locomotive sous l'œil stupéfait de quelques cheminots.

Comme deux ahuris, mon frère et moi, on

reste en bas. Par la porte ouverte, nous le voyons parler avec le conducteur :

— C'est « l'Homme Mort », ah, ah, saloperie ! Je l'avais dit à Louis Renault en 1938.

J'apprendrai plus tard que « l'Homme Mort » est un système de sécurité automatique qui stoppe le convoi si le responsable n'appuie pas périodiquement sur un bouton.

Vingt minutes plus tard, « l'Homme Mort » est ranimé et nous repartons vers une Suisse dont l'existence commence à me paraître douteuse. Je me rendors avec un début de bronchite, et la tendresse au cœur.

Sept heures. Vallorbe, ville frontalière. Le Nain Jaune refait irruption :

— Oh là, debout !

— Quoi encore ?

— Il y a une roue qui chante, elle doit être fêlée.

Il ouvre à nouveau ma fenêtre. Invasion brutale de l'hiver helvétique. Sur le quai, un douanier passe et s'éloigne avec la mine d'un homme qui n'habite pas chez lui.

— Oh là, café chaud, et pour trois !

Une dame poussant une cantine roulante s'approche de nous et nous sert une sorte d'eau chaude acide dans des gobelets de carton.

— C'est amer comme chicotin !

— C'est le café fédéral, monsieur.

— C'est de la merde, madame !

Les choses auraient pu en rester là, si un cheminot suisse, vêtu comme un officier prussien, n'avait pas remonté le long du train en frappant au hasard les roues d'un marteau à long manche destiné à faire savoir si justement elles n'étaient pas fêlées.

— Ça ne vous ferait rien de taper sur toutes les roues ?

— De quoi je me mêle ?

Pour un Suisse, il a répondu sec, mais avec un accent à la choucroute qui traduit assurément des origines bernoises.

Le Nain Jaune s'accroupit et puis il bondit, décolle, traverse la fenêtre, et retombe sur le quai.

Le Suisse a reculé devant ce diable en pyjama. Des douaniers s'avancent, épaulés par des policiers.

— Je vais vous faire révoquer sans titre ni pension, moi !

Le cheminot suisse, qui n'avait pas lu Saint-Simon, n'apprécia guère la menace. Il traita mon père de « brigand de Français qui se croit tout permis sans le moindre permis ! »

L'affaire tourna à l'émeute et se termina comme de coutume dans le bureau du chef de gare.

Le train nous attendit et eut une heure de retard.

J'aimais bien voyager avec le Nain Jaune. Même sur la même ligne, c'était toujours beau et toujours différent. Et puis, en ai-je appris des choses sur la traction vapeur et sur l'électrique... En ai-je appris des choses...

Il faut dire, pour les petits d'aujourd'hui qui montent dans des trains-suppositoires, que les chemins de fer de mon père, qui étaient nés avec le siècle, n'avaient aucun rapport avec ceux qu'ils connaissent.

Jusqu'après la fin de la Seconde Guerre mondiale, la traction vapeur fut un dieu païen qui tuait les conducteurs de machine bien avant l'âge de la retraite. Les « Pacifique », pour lesquelles Arthur Honegger composa un chef-d'œuvre, furent l'aboutissement technique de plusieurs générations de locomotives.

C'étaient des monstres crachant, fumant et hurlant, que les bêtes humaines qui les pilotaient aimaient comme des femelles infernales.

L'habitacle des conducteurs était ouvert à tous les vents. L'hiver, lorsqu'on rechargeait le fourneau, la gueule vous rôtissait, et quand on se penchait pour voir les signaux, alors, elle vous gelait, et le vent et la neige remplissaient sans transition les poumons de ceux qui venaient de pelleter sur un foyer de plusieurs milliers de degrés. Mais ni le chaud, ni le froid, ni la tuberculose, ni les cancers dont on ignorait les noms ne décourageaient ceux qui avaient le privilège de dominer ces machines et de les faire entrer en gare à la minute près.

Enfant, j'ai connu des gares semblables à des palais : d'Austerlitz, du Nord, de Lyon, de l'Est — sans oublier La Rochelle. C'étaient des temples insalubres avec des hauteurs de plafonds babyloniens et des verrières colossales, encrassées d'une fumée si noire qu'elle aurait fait périr d'horreur le moindre écologiste.

Jusqu'à la guerre, les wagons de première classe et les coupés Pullman étaient d'un luxe inouï. J'ai connu la voiture du président de la Compagnie dont le bureau, aux cloisons de marqueterie de bois rares, s'ornait d'un compteur de vitesse d'une simplicité et d'une beauté parfaites. La salle de bains était digne d'un roi. On accrochait le véhicule en queue de convoi et une plage arrière pourvue de sièges de rotin permettait de voir défiler le paysage.

Gare Saint-Lazare, mon père occupait un

bureau qui avait dû être dessiné et construit sous le second Empire. Six mètres de hauteur de plafond, boiseries foncées, rideaux lourds, épais, doublés, qui s'appuyaient eux-mêmes sur des kilomètres de voilages masquant des fenêtres larges comme des portes cochères.

Par terre, de la moquette, et dessus des tapis, et dessus un bureau si ridiculement vaste qu'on ne pouvait tout seul l'occuper décemment. C'était un meuble qui semblait avoir été conçu pour déclarer une guerre ou bien signer la paix.

Les capitalistes orgueilleux du siècle passé avaient le goût de leur propre grandeur. Tout ce qu'ils avaient construit, en matière de chemin de fer, avait aussi pour but d'étonner le bon peuple : il l'était ! Moi aussi ! Mon père aussi ! Car il faut dire que vers les années 1938, pour un jeune homme pauvre, qui n'était même pas polytechnicien, réussir dans les chemins de fer c'était beaucoup plus prestigieux que la Nasa de nos jours, c'était mieux que le *Concorde*.

Quand on me demandait : « Que fait donc ton papa ? »

— Il travaille aux chemins de fer !

Selon l'interlocuteur, son âge, sa morgue ou sa modestie, je faisais passer le Nain Jaune, soit pour le président de la Compagnie, soit

pour un garde-barrière, ou encore mieux pour
un conducteur de locomotive, mais jamais
pour un chef de gare, un cousin idiot m'ayant
certifié que tous les malheureux sans excep-
tion, qui occupaient cette fonction, avaient
des femmes ignobles qui dormaient succes-
sivement avec tous les cheminots.

❖

1935. Une pièce en un acte, digne de Jules
Romains. Trois personnages. Trois caractères,
et une situation fermée qui se mord la queue
comme le serpent python de la fameuse chan-
son : un, Raoul Dautry, président des Chemins de fer, deux, Jules Antonini, secrétaire
général, trois, le Nain Jaune, jeune bras droit
de Dautry.

Un éditeur, J. de Gigord (nom admirable
qui évoque pour moi le contre-espionnage, le
capitaine Fracasse et le vicomte de Brage-
lonne), vient pressentir Dautry jusque dans
son bureau, afin qu'il lui rédige un de ces
livres robustes qui font la gloire corporative
des bibliothèques des petites municipalités et
des petites villes d'eaux. Le titre : *le Rail,
la Route et l'Eau.*

Dautry finit par accepter et convoque Jules
Antonini :

— Vous allez écrire pour moi un livre sur l'histoire des transports. N'oubliez rien, ni les canaux, ni la route, ni le rail. Pour l'avion, on verra plus tard.

Contraint par l'admiration et par la hiérarchie, Jules Antonini ne peut que répondre :

— Bien, monsieur le président !

Une heure plus tard, le Nain Jaune reçoit la visite de son supérieur direct et ami, Jules Antonini :

— C'est pour écrire un livre !

— Je ne sais pas.

— Ça ne fait rien. Il s'agit de la route, du rail et puis de l'eau.

— Et l'avion ?

— On verra plus **tard**.

Contraint lui aussi par l'admiration, l'amitié et la hiérarchie, le malheureux Nain Jaune accoucha donc en un mois, et de nuit, d'un livre qui au risque de me faire passer pour un amateur d'incantations à la Charles Péguy, s'appelait par conséquent *le Rail, la Route et l'Eau*.

J'ai jeté un coup d'œil sur l'ouvrage. Le texte hâtif, précaire, soutenu de photographies d'énormes locomotives, d'énormes péniches, d'énormes camions, montre à quel point le transport des marchandises est un énorme travail !

Le style, lui, a ceci de rare, qu'il est inspiré
de plusieurs moitiés de style, une bonne
dizaine à mon sens. Moitié Michelet pour
l'historique, moitié Maurras pour la grandeur,
moitié Zola pour le labeur, moitié Déroulède
pour le tambour, moitié Colette pour les
pâquerettes qui s'en viennent pousser dans
les fins de chapitres, sur les passages à niveau
et sur les écluses, sans que l'on sache trop
pourquoi.

D'aucuns me diront que toutes ces moitiés
dont j'abrège la liste, cela fait beaucoup !

Erreur. Cela est nul ! On voit que l'auteur
n'avait pas la tête au sujet. Il rêvait de Valery
Larbaud et non de cheval-vapeur. Sa démons-
tration selon laquelle, chaque année, la SNCF
transporte en quelques nuits la totalité mons-
trueuse des choux-fleurs bretons sur la capi-
tale nous laisse indifférent.

Il a beau chercher un souffle rauque du
côté de Roncevaux, les fées ne sont pas là,
le chou-fleur reste chou-fleur, et ne devient
jamais un taxi de la Marne.


L'éditeur au nom admirable, M. J. de
Gigord, fut d'un avis contraire au mien :

— Génial !

En conscience, Raoul Dautry n'osait plus

signer un chef-d'œuvre dont il n'était pas
l'auteur. Il en rendit la paternité à Jules
Antonini et lui promit une préface.

Hélas pour le Nain Jaune, Raoul Dautry
n'avait ni le goût ni le temps d'écrire ce
pensum.

— Mon cher Jardin, je compte sur vous !

Contraint une fois de plus par l'admiration,
et plus que jamais par la hiérarchie, le Nain
Jaune dut reprendre la plume pour écrire
l'éloge de son propre ouvrage !

Quand ce dernier travail occulte fut terminé, je crois savoir qu'il fut autorisé à dic-
ter une lettre qu'il put signer enfin de son
nom et qui informait l'illustre J. de Gigord
qu'il allait recevoir le manuscrit du livre, que
l'auteur n'en était plus le président, mais le
secrétaire général, mais que, en compensa-
tion, une préface fulgurante du président
assurerait un éclat supplémentaire à l'ouvrage, qui, Dieu merci, s'appelait toujours *le
Rail, la Route et l'Eau.*

Comme prévu, l'avion fut oublié dans le
livre, comme le talent d'ailleurs. Il ne reste
que l'anecdote, que j'aime, car elle est ronde
comme un cercle et pleine comme un œuf.

# VI

Un jour glauque, l'hiver, à la campagne, dans la maison que ma femme possède dans le pays briard et qu'elle me prête volontiers. Mon chien, le chien Marcel, m'a abandonné pour une chienne en chasse.

Nous étions là tous deux, moi pour me soigner d'une méchante affaire et lui pour me garder.

Brusquement, je me suis alors senti plus seul que d'habitude. Je ne parle pas de l'idée majeure à laquelle je suis habitué, fameuse trilogie, solitude, puis vieillesse, puis mort. Non, quand je me fus assuré matériellement qu'il n'était plus dans la maison, ni dans le jardin, et quand le premier soir il fallut refermer la porte sans lui, je me suis rendu compte que j'avais les doigts et les mains gelés.

Mon père, les chiens, les femmes et moi, c'est une affaire qui fut toujours liée, mêlée, à travers une race unique, le fox anglais, poil

ras et fin, taches noires ou blanches, et long
museau.

Le premier de notre tradition, mon père
l'avait eu comme cadeau de Noël à l'âge de
huit ans. Il s'appelait Surrat. Il l'aimait
d'amour tendre et partageait sa chambre et
son lit avec l'animal frémissant. Mais très
vite un voisin amateur de sensations fortes le
lui tua sournoisement avec de la mort-aux-
rats. L'agonie fut sévère, pattes raides, yeux
révulsés, bave blanche qui inonde les babi-
nes.

Mon père pleura beaucoup, comme on pouvait le faire dans nos vieilles provinces
rêveuses, du temps que le chagrin n'y était
pas distrait par la radio et la télévision.

Son avant-dernier fox, qui fut la première
bête familière de mon enfance, était une
femelle et s'appelait Minnie.

Si nous l'avions nommée ainsi, c'est qu'elle
était de moins pure race que les autres, et
ressemblait à la femme de Mickey, de Walt
Disney. Paix à son âme, oublions ses turpi-
tudes, dont la pire : s'être fait mettre grosse
par un poilu vaudois très vaguement boxer.

Après avoir manqué éclater, cernée par
mon père revolver au poing, qui voulait lui
faire sauter la cervelle pour l'avoir trompé,
je dis bien trompé, et un vétérinaire qui lui

mettait les fers, elle finit par mettre bas un
bébé ravissant. Cela ne dura pas. Le chiot
se mit à grandir dans tous les sens. Ses pattes
s'allongeaient et s'étiraient comme les roues
des vélos des parachutistes américains, les
Teeby. On l'appela donc ainsi.

Il était bien, Teeby. Il ressemblait à un
dessin de Sem, à je ne sais quel duc dégin-
gandé, jusqu'à en paraître désossé. Mais lui,
en plus des noceurs deauvillais et défunts,
possédait des oreilles admirables, deux pavil-
lons soyeux qui semblaient avoir été greffés
sur le haut de sa tête. Le vent et même le
bruit le plus léger les faisaient pivoter.

Peiné, mon père disait à ses amis : « C'est
un fox à poil mou. » Mais pour consoler l'in-
téressé, qu'il soupçonnait de tout comprendre,
il ajoutait aussitôt :

— C'est mon meilleur !

Curieuse formule de garde-chasse, de chef
de meute, qui ne possède qu'un seul chien et
n'a jamais chassé.

Marcel est le plus beau et le plus intelligent
de tous ceux dont je viens de parler.

Chez lui, point de Mickey, point de Minnie,
point de Teeby. C'est une bête de tapisserie
fort ancienne, avec une nonchalance tendre
qui évoque certains Modigliani.

Marcel, pour moi, est la part d'innocence
que les autres n'ont plus, et sa malignité sour-
noise n'entame jamais sa pureté. Bien qu'il
soit borgne, il est, de mes miroirs, le seul
vraiment intègre.

Pour conjurer le mauvais sort, qu'il ne s'en
aille pas, qu'il ne me quitte pas, qu'il ne
meure jamais, je l'avais assassiné à la fin de
mon dernier roman. Je m'étais dit : tuons ce
que nous aimons avec des mots faits d'encre
qui ne sont que des mots.

Et voilà qu'aujourd'hui il est vraiment
parti. Cinq jours et cinq nuits. Autour de
moi, des milliers d'hectares de champs, de
bois, de villages, et de fermes à fermiers hor-
riblement hostiles. sous le ciel gelé et pour
un vieux chien borgne.

Depuis que j'ai cru m'apercevoir que la
femme n'était peut-être pas tout l'avenir de
l'homme, mon amour pour Marcel n'a cessé
de grandir.

Marcel, écho parfait de ma conscience, qui
m'a toujours parlé en silence, mais sans
jamais se taire. Il jappe sans malentendu, et
renifle l'époque d'une truffe luisante comme
Paris sous la pluie. Jamais il ne me ment.
Jamais il ne me mord.

Pourquoi est-il parti pour une chienne tra-
versière ? Le feu au cul qui tue le cœur.

Je ne crois plus guère à l'innocence du sexe,
même chez mon chien. Les ventres à ventres
que l'amour m'avait fait prendre pour l'anti-
chambre du paradis prennent avec le temps
des allures de poubelles.

L'âge n'a pas fait de moi un pudibond,
mais un épouvanté.

Souvent, répétant la phrase de mon père,
je lui disais à mi-voix, les dents serrées de
tendresse :

— Le chien Marcel n'aime que son père !

Et lui, il disait toujours oui d'une sorte de
mouvement de tête où se mêlaient tendresse
et bâillement digestif : le menteur.

Le chien Marcel, quand il se frottait à moi,
je ne ressentais pas cette singulière défiance
que m'inspirent les femmes depuis déjà longtemps. Il est mon synonyme.

Mon père aimait ses chiens comme je les
aime déjà, contre les femmes infidèles, le
temps passé et la jeunesse enfuie. Il les aimait
de passion folle déviée de son but primitif.

Enfant plein de chaleur, adolescent transi
d'être amoureux d'avance, et puis jeune
homme confronté à l'amour le plus parfait
qui soit, je ne pouvais comprendre le visage
de mon père, et sa bouche qui paraissait
tomber, quand il parlait à demi-mots de cer-

tains hommes qui lui avaient fait de certaines choses.

Pourtant, ces choses, je savais qu'il avait
dû les provoquer à force de négligence, et
puis elles ne me paraissaient pas importantes.
Dans l'âge tendre, l'infidélité de l'autre me
semblait ne pouvoir être qu'un accident
fugace, voire une expérience pour mieux se
retrouver.

Chez mon père, il y avait l'idée du péché,
et chez moi, celle de l'érotisme. Il croyait
en un ordre divin, moi c'est l'amour humain,
que j'avais dans les bras, que je croyais
divin.

Il est mort dans le doute, moi je survis
dedans. Quelque part en nous-mêmes, lui et
moi, je sais que nous avons aimé peut-être
comme des monstres, mais aussi comme des
jeunes filles.

Je veux dire que les gens comme nous n'ont
jamais fait vraiment l'amour que par amour.
Peut-être notre côté féminin ? En ce point,
nous différons sûrement de la plupart des
hommes. D'où peut-être des vies en porte à
faux ? Un certain ridicule, une parcelle de
beauté ?

Oui, je croyais l'amour humain sans fin, et
j'ignorais que le masque qui recouvrait les
traits du visage de mon père allait devenir

le mien. J'ignorais qu'un jour il ne serait plus
là, et que, moi, je serais lui.

J'ai parcouru, avec une amie qui lisait une
carte d'état-major, plus de mille kilomètres
de routes de campagne. A la fin du onzième
jour, j'ai retrouvé Marcel, à quarante kilomètres de notre maison, au bout d'un chemin
creux, enlisé dans la boue, figé par la pluie,
le froid, le vent, hérissé, la bouche toute san-
glante d'une méchante querelle avec un autre
chien ou du coup d'un fermier, indifférent,
squelettique, à demi mort.

Il m'a fallu cinq jours et cinq nuits de
bains chauds, de bouillon, de petites pâtées,
de vitamines, de tendresse, de promesses, de
prières et d'amour, pour lui rendre sa nature,
sa démarche et son poil.

Depuis, à la campagne, il ne franchit plus
guère la porte du jardin. Même pour une
belle chienne fortement disposée !

Lassitude, prudence, fidélité ?

On ne sait que rarement ce que nous pen-
sons nous-mêmes. On ne sait pas grand-chose
sur ce que pensent les autres, rien du tout
de concret sur ce que pensent les femmes.
Alors, qui donc déchiffrera les idées d'un
vieux chien borgne avec un odorat avoisi-
nant zéro ?

Personne, sauf moi, peut-être...

⁂

Quand il y a vraie famille, une mère, c'est l'histoire de notre vie, un père, c'est l'histoire de notre esprit.

J'ai été fabriqué spirituellement et moralement par mon père et sensoriellement par ma mère.

Elle m'a donné mes premiers baisers, c'est la première femme que j'ai aimée. Lui, il est le premier être auquel je me sois heurté. Il fut ma première haine, ma première passion. Elle reste la douceur. Il était le fracas.

Et quel curieux fracas.

A Berne, dans l'enfance, je croyais en Dieu, au moins tous les dimanches. Ce jour-là, on me faisait revêtir un costume Eton gris, on me broyait le cou dans un haut col dur que venait rehausser une lavallière de soie, et l'on partait pour la grand-messe, dans une Citroën noire, quinze chevaux.

Le Nain Jaune était chargé d'affaires à l'ambassade de France. Ce n'était pas une mince tâche. L'ambassadeur était mort. L'Europe collaboratrice sombrait dans l'agonie. Les attentats se succédaient. En 1944, la

Suisse était donc la seule plaque tournante d'Europe où un diplomate pût avoir des contacts avec des peuples en guerre entre eux, c'est-à-dire, principalement, les Allemands, les Russes, les Anglais, les Américains et les Japonais. Mon père s'entendait parfaitement à ce travail, à priori impossible, où s'élaboraient les bases occultes d'un avenir politique pour moi incompréhensible.

C'est à la messe que je comptais à visage découvert le nombre de nos ennemis. Le banc de l'ambassade était souvent pris d'assaut par des diplomates hostiles.

En pleine messe chantée, mon père chassait les intrus à coups de canne, et c'est au milieu des murmures de courroux et de haine, qui se mêlaient aux orgues, que ma mère, mon frère et moi, nous reconquérions la première place au premier rang.

Ce genre de conflit me plongeait dans l'extase. Je confondais la puissance et la grâce divine, la vanité du monde avec l'élévation. Si j'avais pu communier dix fois, je ne m'en serais pas privé. Bouffi d'orgueil et de pureté, je chantais la gloire de Dieu dans un curieux latin, mâtiné de Svitchdeutch.

Quel beau moment pour un enfant que celui où tout est enfin confondu, la haine, la gloire, l'amour et l'arbitraire.

Derrière nous, dans un rang protocolaire plus modeste, se tenait toujours l'ambassadeur de Bulgarie, Son Excellence M. Balabanof. Mon frère et moi, nous l'appelions Freudi, car il ressemblait à Sigmund Freud sur une photographie que l'on nous avait montrée.

Ce vieillard barbu et charmant invitait ma mère à prendre le thé, pour lui faire la lecture de quelques poètes bulgares dont la notoriété n'était jamais parvenue jusqu'en Suisse.

Le Nain Jaune en avait conçu le plus vif dépit, et il avait surnommé le malheureux humaniste, « le cosaque à pieds », ou encore « le débris ».

Il faut dire que le Nain Jaune n'avait pas pour habitude de plaisanter avec la jalousie. C'est vers cette époque, qu'une nuit, je l'ai vu tirer un coup de feu sur l'un de ses très jeunes collaborateurs. Si je n'avais pas fait dévier le coup en me jetant sur lui, le jeune homme serait mort et, par voie de conséquence, le président Pompidou aurait dû par la suite se passer de l'un de ses ministres les plus proches.

La jalousie, nous touchons sûrement là au fondement même de l'homme que je veux raconter.

Dès l'âge de vingt ans, et sans raison aucune, le Nain Jaune était déjà Arnolphe et la « mort du petit chat » fut sa première mort.

Durant toute son enfance, il vécut avec l'idée romantique, folle, que si l'homme était douteux de nature, la vraie pureté n'existait que chez certaines femmes. La femme étant l'amour, la maison, la passion, la vraie richesse et le refuge.

Quelque part, très jeune — je crois savoir que ce fut vers l'âge de vingt-cinq ans — quelque chose se brisa chez lui dans cette idée maîtresse, une tante ou sa mère, je n'ai jamais bien su ce qu'il avait surpris et qui avait modifié pour toujours son regard.

Sa jalousie universelle qui s'exerçait vis-à-vis de ses amis, de ses passions, de ses enfants, et plus précisément de manière constante vis-à-vis de ma mère, avait quelque chose d'aride et de désespérant.

Il l'avait aimée, il l'aimait une fois pour toutes. Ce qu'il attendait d'elle, c'est qu'elle ne bouge pas, c'est qu'elle ne pense pas différemment de lui, c'est qu'elle ne déplace pas un meuble de leur chambre commune, bref, il la voulait statue, rassurante et vestale.

Ma mère n'est pas une vestale, mais un être fragile et déchiré qui a aimé mon père toute sa vie, et qui avait été placée par lui dans une sorte de tombe vitrée, où il aimait la savoir, et où il passait parfois la regarder.

Lentement, sûrement, tragiquement, elle prit conscience de ne pas être aimée pour elle-même, mais pour toute une série de valeurs morales abstraites.

Plus elle voulait parler avec lui, plus il la faisait taire avec un art cruel.

Après vingt ans de mariage, elle fit deux ou trois tentatives désespérées pour aimer d'autres hommes afin de ne pas mourir de solitude.

Ces tentatives furent découvertes et réprimées par lui comme le printemps de Prague. Ils restèrent dix ans sans se parler, et il fallut attendre que la vieillesse fît son œuvre, pour que le cœur leur permît de retrouver ce que leurs deux natures contraires leur avaient refusé d'harmonie.

Le terrorisme intellectuel du Nain Jaune qui cataloguait les femmes en deux catégories, les saintes et les putes, me marqua profondément.

Mon respect de ce que sont les femmes m'est venu de là, en réaction.

Les femmes, la femme furent mon conflit majeur avec mon père. Plus il pensait et parlait en mal d'elles, plus je m'efforçais à les aimer, et à écrire sur elles le meilleur de moi.

Dieu merci, j'avais compris que ses imprécations étaient surtout des blessures, et que les hommes classiques, ceux d'avant l'introspection, ne savaient parler ni d'eux-mêmes ni de leurs amours.

La boue cachait souvent la tendresse, et l'injure la passion. J'en veux tenir pour preuve la dernière lettre qu'il m'ait écrite, et où il parle de ma femme et de ma mère en termes si bouleversants, que je me demande aujourd'hui quels démons hideux il a dû terrasser en lui-même pour parvenir enfin à la véritable clarté :

*Comme on sent qu'il n'aurait fallu modifier qu'imperceptiblement ta femme pour que tu trouves ton équilibre et qu'elle fût heureuse. Hélas, nous portons tous en nous une image de ceux que nous aimons, et c'est notre permanente et douloureuse tentation de vouloir imprimer à leur calque une multitude d'impossibles décalages...*

Dans ce début de lettre, on retrouve l'idée du bonheur, cette idée dont Saint-Just a écrit, il y a moins de deux siècles, qu'elle était une idée neuve en Europe, cette idée qui, je crois, a gâché la vie des hommes issus du XIX<sup>e</sup>, parce que, ce bonheur, ils le savaient impossible, mais ils voulaient y croire comme à une terre promise.

Et la dernière lettre de mon père se poursuit sur un mode poétique et sacré, qui donne à penser qu'il attend de la mort l'accès aux êtres qu'il a aimés, non plus dans le fatras de leurs contradictions, mais bien dans la lumière éblouissante d'une résurrection divine. Pour parler de ma mère, il cite *Un jardin sur l'Oronte*, de Barrès :

*Je voudrais entendre jusqu'à la fin votre voix ; non pas vos pensées qui sont mélangées, mais votre voix toute pleine du ciel où je désire aller. Ce n'est pas vous que j'aime, et même en vous, je hais bien des choses, mais vous m'avez donné sur terre l'idée du ciel, et j'aime cet ange invisible, pareil à vous mais parfait, qui se tient au côté de votre humanité imparfaite...*

Enfin il termine par un remerciement, pour un court portrait que j'avais brossé de lui dans un précédent livre.

Ces quelques lignes, elles sont, je le crois, le plus beau cadeau qu'un père puisse faire à son fils avant de mourir. Les voici :

*... Au soir d'une vie à la fois brillante et ratée, elles me sont, ces pages, une bouleversante et tendre récompense. Lorsque les heures seront trop noires, j'aimerai souvent les relire, et comme le chevalier du* Jardin *sur l'*Oronte, *je souhaite, quand l'heure sera venue, entendre la voix de ta mère me les réciter pour la dernière fois.*

*⁂*

Mon « nez de Cléopâtre », ce fut le dos de mon père. Sa colonne vertébrale changea le sens de ma vie.

A vingt ans, le Nain Jaune mesurait un mètre soixante-huit. Il mourut tassé par la vie, avec dix centimètres de moins.

Vers l'âge de trente ans, il ignorait sa taille. Je veux dire qu'il n'y pensait pas. La nature l'avait fait comme ça. Il faisait avec la nature.

Dans l'ancien temps, il n'aurait jamais su la vérité. C'est la science moderne qui la lui révéla.

En 1934, à la suite d'une courbature violente, il alla montrer son dos à un ami, René Sauvage, mon futur beau-père, qui était médecin des hôpitaux. On lui fit les premières radiographies de sa vie. C'est alors qu'il

découvrit, documents, croquis et preuves à
l'appui, que si ses parents l'avaient fait soigner durant la maladie d'enfance qu'il avait
contractée au lycée d'Evreux, et qui était, je
crois, une conséquence de la grippe espagnole, il aurait mesuré, adulte, un mètre
soixante-seize ou même soixante-dix-sept !
Plus que la taille du commun. Assez pour
n'en jamais parler.

Du jour de cette consultation, il sut que
sa colonne vertébrale était pliée comme un
accordéon. Alors, il disait parfois en riant :

— Tirez-moi donc dessus, que je devienne
moi !

Etre petit est une chose. Etre un faux petit
est une tout autre affaire, une farce du destin qu'il ne digérait pas. La médecine tradi-
tionnelle ne pouvant rien pour lui, il vit
cent rebouteux, s'accrocha par les mains au
chambranle des portes, se fit tordre le cou,
et même jeter des sorts par un sorcier d'Au-
vergne.

Rien n'aboutit à rien. Il ne parvenait pas
à la taille idéale. Il était comme soudé dans
son état petit.

C'est donc en 1934, après cette décou-
verte, qu'une rage universelle, irréfrénable,
s'empara peu à peu de lui. Il compensa, par
le charme, la beauté qui lui était refusée, et

substitua la violence à la force physique qui
lui faisait défaut.

Ensuite, il cessa d'aimer sa mère qu'il tenait
pour responsable de son malheur, et, singulier retour des choses, il se mit à protéger
ses amis et sa famille avec frénésie.

Quand je dis protéger... Il voulait être
responsable de tout le monde et en toutes
circonstances. Si vous étiez de ses familiers,
il vous choisissait vos médecins, rédigeait
même des ordonnances, retenait vos billets,
vos chambres d'hôtel, composait vos menus
au restaurant, cassait vos amitiés s'il les trouvait suspectes, vous en fournissait d'autres
plus à sa convenance, vous enduisait le menton de sa crème à raser — qui me donnait
des boutons —, vous expliquait la vie, l'histoire, la géographie, la religion, le tennis, la
natation — bien que ne sachant pas nager,
il mimait la brasse avec maestria —, l'atome,
l'infini, le chaos, le néant.

Pour tout ce qui concernait les rapports du
citoyen avec l'Etat, si vous étiez de ses amis,
il n'y avait plus de problème. Je ne parle
pas des passeports qu'il faisait renouveler si
rapidement qu'on aurait pu croire qu'il les
imprimait lui-même, ni des lignes de téléphone qui semblaient tomber du ciel, ni des
pylônes de l'EDF qui déparaient votre jar-

din et qu'il faisait transplanter dans les Vosges, ni des rappels fiscaux qu'il faisait annuler, je parle des vrais ennuis...

Des vrais ennuis... Non, je n'en parlerai pas. Certains textes brillent des feux de ce qui n'est pas dit, et sa manière de rendre la justice ne regardait que lui, et ceux qui en furent les bénéficiaires.

Pareil comportement aurait été intolérable chez quiconque. Mais lui, il en avait tout d'abord l'incroyable capacité. Ensuite, on était obligé d'accepter ses services, faute de quoi il tombait dans un état de malheur insondable, difficilement regardable pour ceux qui l'aimaient.

A la minute où l'on cédait, où l'on troquait son turbot pour une omelette au lard, le bordeaux pour du champagne, la Floride pour la vallée d'Auge, alors, il riait, il jouait, de lui, de vous, et de la vie. Excellent acrobate, il marchait sur les mains, puis imitait César, Richelieu, Saint-Simon, Marcel Proust. Il devenait tour à tour la nounou de son enfance, le vainqueur d'Alésia, le Cardinal de Fer, Odette, Charlus, Mme de Guermantes, un clown, un Père Noël.

Je n'ai jamais vu quelqu'un avoir autant besoin d'être aimé et si parfaitement y réussir.

Personne ne lui résistait, sauf moi. J'avais compris très jeune que, pour se remettre d'un père d'une telle envergure, il fallait que je vole au plus vite de mes propres ailes.

J'ai quitté la maison à l'âge de quatorze ans. Je voulais vivre ma vie. Y ai-je réussi ? En tout cas, mes rapports avec lui furent préservés par ce départ. Ayant choisi un métier, hors de l'étendue terrifiante de ses compétences, j'ai fait carrière à ma guise, souvent sous son courroux, parfois même son mépris.

Cela m'était égal. Nous nous aimions bien trop pour être du même avis. Et puis, il m'avait dit un jour qu'il ne fallait jamais écouter son père. Avais-je deviné qu'au moment où il me prodigua ce conseil il était vraiment sincère ? Toujours est-il que je l'ai cru.

Petit garçon, j'avais déjà la passion du cinématographe. Mon père le haïssait. Le septième art était pour lui un bastringue de romanichels. Il voyait dans l'image en mouvement la mort de l'écriture, la ruine du théâtre et la faillite des mœurs.

Du moins, est-ce là ce qu'il me disait. Je n'en croyais pas un mot. D'abord, tout jeune, il avait tourné dans un film muet pour se faire de l'argent de poche. Et puis un homme

qui avait vu *Fra Diavolo* avec Laurel et
Hardy, seize fois, ne pouvait pas détester vraiment le cinéma. Je pensais qu'il me mentait
afin de tenter de m'instruire. Je détestais l'instruction y voyant une atteinte à mon intégrité. Je ne voulais rien apprendre. J'y suis
hélas tragiquement parvenu.

C'est dans la mesure où je ne voulais
jamais faire ce qu'il me disait, mais bien plutôt lui ressembler, que nos rapports prenaient
parfois dans mon enfance des allures de
conflits armés.

— Tu n'iras pas !

— Si !

Je le revois dans l'escalier de sa maison du
bord du lac de Genève. Il me barrait la
route. Il portait un costume de velours, brun
à très fines rayures, une chemise blanche et
un foulard de soie aux teintes très passées.

— Que veux-tu voir ?

— La vie de Chopin.

— Dérisoire !

— Pourquoi ?

Il eut un rire féroce.

— Révolution et crache poumons ! Frédé-
ric-François, 1810-1849, Mazurkas, Polonai-
ses, marche funèbre ! Né à Zelazowa-Wola,
Majorque et George Sand !

— Quoi ?

— Sand, Amandine, Aurore, Lucie, 1804-1876, descendante de Maurice de Saxe, terroir berrichon et autres mares au Diable, penchant côté Sapho !

— Quoi ?

— Sapho, poétesse grecque, née dans l'île de Lesbos. Mme Sand en était ! Sapho, lesbique ! vieille bique ! infecte ! Déviation infernale ! Et voilà tu as tout vu ! Inutile d'y aller !

Cette manière de résumer un film qu'il n'avait pas vu ne me donna pas satisfaction.

Je me jetai dans l'escalier en tentant de l'éviter : peine perdue. Il m'agrippa le bras. Je le repoussai de toutes mes forces. Il partit en arrière, tomba, tournoya, se raccrocha à la rampe en fer forgé, bondit, rebondit, me saisit par les cheveux, m'en arracha une poignée en hurlant : « Ahuri ! » Moi, je le saisis à bras-le-corps. Nous restâmes enchevêtrés, haletant, riant, haineux, heureux.

Le Nain Jaune et moi, nous nous sommes battus plusieurs fois, mais il ne m'a jamais frappé, sauf une fois.

J'avais dix ans. C'était en 1944 à l'ambassade de France à Berne. Je me tenais au rez-de-chaussée, à l'entrée de l'escalier de service qui menait au sous-sol et aux cuisines. J'avais des mots avec le chef, robuste personnage, pour avoir pioché dans une pièce montée destinée à quelques officiels. Il m'avait vertement réprimandé. Touché dans mon amour-propre, je l'injuriais bassement, à distance, du haut de l'escalier, quand je reçus dans l'arrière-train un coup de pied monumental, qui me fit débouler la totalité des marches.

Quand je me relevai, estourbi et hagard, je vis mon père. Il me regardait en oblique et me demanda de le suivre dans son bureau, ce que je fis en claudiquant. Une fois parvenu dans ce lieu imposant, il referma la porte et me dit :

— Nous devons le respect à tous ceux qui nous servent. Si tu veux parler mal, fais-le au-dessus de ta condition, jamais en dessous. Je ne veux pas d'un fils qui ait une âme de porc !

Quoi de pire, à dix ans, qu'avoir une âme de porc ?

# VII

Emmanuel, mon fils aîné, quinze ans, semble avoir comme vieilli à la mort du Nain Jaune.

Je vois bien à ses yeux combien il s'ennuie de lui. Il écrit des poèmes qui ont le charme étonné de la prime jeunesse confrontée pour la première fois à l'irrévocable :

*... Il y a aussi les pas du temps*
*Qui va, qui vient, qui tue les gens*
*Les pas des morts de notre enfance*
*Qui font rêver quand on y pense...*

Parfois, il me questionne sur la vie de son grand-père. Je ne sais pas toujours répondre.

Je manque d'information, et les éléments que je possède sont ceux d'un puzzle dont il manque des pièces et qui ne sera jamais fini.

Les seules personnes qui auraient pu vraiment me dire, cerner, peindre, rassembler, reconstruire avec moi, étaient des amis communs à nous deux. Ils étaient essentiellement trois : Pierre Fresnay, Emmanuel Berl, Paul Morand. Ils sont morts.

Quand je consulte les autres, comme je viens de tenter de le faire, je me heurte au mutisme.

Il m'a fallu du temps pour en comprendre les causes. Le Nain Jaune se plaignait de moi, comme il s'est d'ailleurs toujours plaint de tous ceux qu'il aimait.

C'est là un trait étrange de sa nature tourmentée. Il accusait ses proches auprès de ses amis, afin que ces derniers le rassurent, et surtout le préfèrent.

Il s'est amèrement étendu en secret auprès de certains sur les peines que lui causaient ses amours et ses enfants. Quand ses interlocuteurs lui donnaient raison, il n'en était pas satisfait, car il entendait au fond être le seul à pouvoir nous juger.

Et puis, il ne croyait jamais exactement ni ce qu'il disait lui-même ni ce qu'on lui répondait. Il croyait toujours une troisième version des êtres et des faits. Ce cartésien était doublé ou plutôt contrarié d'un médium. Il racontait ses déceptions non pas pour

qu'on les partage, mais plutôt pour s'en
défaire, et il n'était pas rare ensuite qu'il se
méfie profondément de celui qui l'avait
écouté.

Pour ceux qui l'aimaient, il était un rude
adversaire, souvent chancelant, jamais à
terre, éternel meurtri, jouant de toutes ses
blessures comme certaines femmes savent le
faire de leur beauté.

Séducteur invincible, serpent d'eau insai-
sissable, ses démarches affectives me faisaient
penser au cheminement politique de
Louis XI. Universelle araignée, on finissait
toujours par tomber dans sa toile. Quelle
étrange multitude !

Parce qu'il m'aimait, il m'aurait voulu
beaucoup plus que ce que je suis. Il me
combattait toujours. Il s'opposa successive-
ment à toutes les activités que j'ai exercées,
puis à la parution de mes livres.

En effet, comme l'écrivait Colette, inven-
ter un détail afin d'être plus vrai était une
démarche de l'esprit dont il se réservait l'exclusive. Il en contestait le droit à quiconque,
et surtout à moi.

Je m'étais vite aperçu en travaillant que
lorsqu'on voulait écrire des choses vraies, sur
des êtres vivants, la vérité des faits qui est
toujours la même engendrait la nullité, et

que, paradoxalement, ce qui est purement
inventé est évidemment faux.

Le vrai se situe dans le conflit de ces deux
extrêmes. Il faut casser les faits pour retrouver les êtres. Il faut délirer lucidement pour
que la tête chante, et retrouver en soi la trace
d'une émotion qui était si perdue qu'on pense
la découvrir.

Le Nain Jaune d'apparat, l'homme social,
n'aimait que les vérités historiques, celles de
Montesquieu, de Michelet, de Banville. Il ne
comprenait rien, il ne voulait rien comprendre à une vérité subjective qui venait d'un
fils qui lui ressemblait comme un frère. Aussi
répétait-il à ses amis :

— Le propre du romancier : dire des choses exactes et mettre des faux noms. Pascal
met tous les vrais et dit n'importe quoi !

Il ne pensait pas ce qu'il disait. Et il savait
que je le savais. Mais certains de ses amis
le croyaient.

Ceux-là me tiennent pour un dangereux
trafiqueur de chimères.

Je touche là le fondement du conflit pas-
sionnel, tragi-comique, qui nous opposa toute
notre vie. Pour mon père, il n'y avait qu'un
Jardin : lui.

Très vite, dès l'âge de dix ans, pour tenter

d'exister, je décidai qu'il y en aurait au moins un second : moi.

Il me détestait de vouloir prendre sa place. Il m'aimait follement d'être un autre lui-même.

A l'intérieur de ces rapports infernaux, il ne coulait jamais la moindre paix, seulement des moments de joie et d'enthousiasme toujours suivis de ruptures virulentes et de retrouvailles éternellement momentanées.

Je garde un souvenir ému et furieux d'un dîner que nous avons fait tous les deux, un an avant sa mort, dans l'un de ses restaurants parisiens.

« Ses restaurants » ! Ils étaient trois et il y recevait presque chaque jour : Taillevent, rue Lamennais, Lucas Carton, place de la Madeleine, Prunier, rue de Traktir.

Là, il était chez lui. Il avait sa table, toujours la même, dans chaque établissement, son maître d'hôtel, son sommelier — celui de chez Prunier, Désiré, était une sorte de vieux monsieur, perclus de distinction, fin comme un haricot vert, et qui, même tout mouillé, ne devait pas dépasser les trente kilos —, son vin, un bordeaux qui devait être déjà sur la table avant qu'il n'y arrive, sa dame vestiaire, préposée à la surveillance de ses manteaux, chapeaux, cache-nez, laines et « finet-

tes », sa dame-pipi qui était tout particulièrement chargée de prendre et d'envoyer des
messages téléphoniques souvent contradictoi-
res, son voiturier qui devait trouver, quoi
qu'il arrive, une place devant la porte.

Et puis, il avait son eau minérale — l'Eau
de Sergental — inconnue de toute le monde,
sauf de Louis XIV et de ces trois restaurants.

Il renvoyait sans pitié et avec éclat tout
bordeaux à demi chambré, tout pain mollement grillé, tout beurre qui ne fût pas cha-
rentais, toute coquille Saint-Jacques non bre-
tonne, toute raie au beurre noir soupçonnée
d'être ammoniacale, toute volaille non de
Bresse, tout agneau non de pré-salé, tout
bœuf non rassis de huit jours.

Il se sentait responsable de la cuisine française dans sa totalité, et aucun représentant
d'aucun guide, aucun donneur d'étoiles
n'avait sa férocité joyeuse et irradiante.

Le Nain Jaune avait des relations et des
convives qui différaient avec chacun des trois
établissements.

Lucas Carton, c'était les affaires, Taillevent les stars, Antoine Pinay, Jean Gabin, et
Prunier plutôt les femmes, car, d'après lui,
la femme manquait toujours d'iode, donc de
crustacés, et comme chacun le sait, Prunier,

c'est avant tout les huîtres, les homards, les tourteaux.

Ce jour-là, donc, lui et moi, nous dînions chez Prunier tous les deux, et sans femmes, nous gorgeant d'iode et de vin.

On riait. Lui parlait d'abondance, et il était très gai.

C'est ici que les choses balancent puis basculent, et non point par vanité de la part de mon père, mais plutôt parce que les prérogatives des fous, des enfants et des princes ne peuvent être remises brusquement en cause, sans que croulent leurs chimères, leurs pâtés, leurs palais.

Tout allait encore mieux, et plus, que dans le meilleur des mondes, quand entrèrent dans le restaurant le président Edgar Faure et sa femme, l'écrivain Lucie Faure.

C'est à ce moment précis qu'intervient la grande mise en scène, imprévisible et implacable, de la vie : le ballet des serveurs et des maîtres d'hôtel fit que le Nain Jaune se trouva un instant masqué, et que le président Faure, à qui j'avais été présenté, et en compagnie de qui j'avais dîné une fois récemment, m'aperçut et me lança gaiement :

— Bonsoir, Jardin !

Bien entendu, le Nain Jaune avait pris cette phrase pour lui. Quand il fut démas-

qué par un mouvement du maître d'hôtel,
Edgar Faure, découvrant mon père, jeta à
son attention cette courte phrase amicale,
mais dont les effets furent catastrophiques :
— Vous êtes là aussi !
Lui, là aussi ! Et non point « là d'abord » !
Avec moi, loin derrière, perdu dans la poussière.
Nous en étions aux huîtres. Elles furent
incontinent déclarées pourries, gâtées, mazou-
tées. La suite fut annulée, l'addition com-
mandée. Il fallut prendre nos manteaux sans
l'aide de la dame du vestiaire, et nous nous
retrouvâmes tous les deux dans la rue, l'esto-
mac vide et le cœur serré sans trop savoir
pourquoi.
Ce problème de « la préséance Jardin »
n'a pas disparu avec sa mort.
J'ai vu récemment plusieurs personnes qui
le touchaient de près. Presque partout, j'ai
ressenti cette fameuse méfiance qui vient de
la fidélité exclusive que ses vrais amis lui
portaient.
Ce travail de recherche que je fais sur
mon père est d'autant plus difficile, que mon
but n'est pas celui du journaliste. Je n'at-
tends pas que l'on me fasse des révélations
saisissantes, et si je voulais me servir des
dossiers retrouvés dans son bureau en Suisse,

je pourrais à coup sûr écrire quelques chapitres à sensation, où certains de mes aînés
excellent, et que je hais.

Ce que je cherche quand je parle à des
gens qui l'ont vraiment connu, c'est à découvrir une part de lui-même que moi je ne
connais pas.


Hier, j'ai appelé le philosophe-économiste
Bertrand de Jouvenel, avec qui j'ai été très
lié durant toute mon adolescence. Il m'a
accueilli par cette phrase cinglante :

— C'est vous qui avez fait tant de peine
à Jardin !

Comme je lui demandais pourquoi, il me
répondit qu'il ne savait précisément plus
bien. Il ajouta ensuite, tel qu'aurait pu le
faire Vigny, tel un homme qui ne désire plus
que le silence :

— Ma mémoire, je la garde pour moi !

Et puis, avec la contradiction fulgurante
qui est une des constantes de certains intel-
lectuels surdoués, il me communiqua trois
informations sans rapport direct les unes avec
les autres, qui marquaient son estime pour
le Nain Jaune, et qui, par voie de conséquence, sonnaient comme une condamnation
de ce que je suis :

— Saviez-vous que le résistant Henry
Frénay, directeur de *Combat,* pendant l'Occupation, était ami de votre père ?

Je l'ignorais, et je me rendis compte qu'il
en était comme agréablement surpris.

— Saviez-vous qu'à Vichy votre père
m'avait ménagé une entrevue avec Laval ?
Que je lui ai demandé de faire relâcher Georges Mandel, qu'il avait refusé et que je
m'étais fâché avec lui... Bien sûr, vous l'igno-
riez. Saviez-vous que, quand les Allemands
sont entrés en zone libre, votre père a risqué
sa vie en prêtant son bureau et sa ligne téléphonique officielle à ma femme, Hélène, qui
a téléphoné à l'officier qui commandait la
base de Marignane, pour le prévenir qu'il
parte avec tous ses avions pour Alger... Le
saviez-vous ?

Bien sûr que non. Et je m'en moque. Pourquoi les hommes ne savent-ils donc définir
un ami qu'à travers ses actions morales ? Je
demeure convaincu que nous existons avant
nos actes, qui ne sont que les conséquences
de notre nature et de notre acquis.

Le Nain Jaune demeure pour moi une des
sources premières de ce qui a fait ma vie.
Mais c'est en lui, en lui seul que réside cette
richesse. Il eût été voleur que c'eût été pareil,
et le fait qu'il ait conduit telle entrevue avec

Laval en 1942, ou telle autre au moment des accords d'Evian, ne change rien à l'affaire. Au contraire, la gloire, même secrète, abîme plutôt les hommes.

Le Nain Jaune vivait donc écartelé, entre les nécessités pragmatiques, et puis ses propres rêveries. Il relisait Verlaine comme on gratte ses plaies.

Pour lui, rien n'avait commencé par une révolution, et le sang du poète lui battait dans les veines quand au printemps de sa vie, à Evreux, sur le chemin du tennis qui passait par le pré du Bel-Ebat, il rencontra une jeune fille en fleur, ma mère.

J'ai souvent entendu évoquer ces jours heureux où, dans cette ville intacte depuis le Moyen Age, en 1922, Simone Duchesne déambulait au bras de Jean Jardin.

Il avait dix-huit ans. Elle en avait quatorze. Lui portait un pantalon de flanelle grise et une veste très boutonnée.

Il était chaussé de bottines de cuir à tige de drap, et coiffé, selon la saison, d'un feutre souple ou d'un canotier.

Comme la plupart des jeunes gens de son âge, et de son milieu, il avait une canne flexible dont il avait appris à jouer.

Elle, romantique délurée, s'exhibait dans

des robes de tissu éponge, mi-longues, à taille très basse.

Elle était chapeautée d'une cloche de feutre, où disparaissaient ses deux nattes roulées en macaron sur les oreilles.

Elle poussait l'audace jusqu'à ne pas gainer tous les jours ses jambes de noir. De très mauvaises langues affirmaient même qu'on l'avait vue danser avec des bas rouges ou jaunes, ornés de baguettes brodées.

Les pavés dans la ville résonnaient sous les roues ferrées des attelages. Le grand-père de ma mère possédait une charrette anglaise, attelée à un demi-sang qui était renommé pour sa rapidité.

Dès que la nuit tombait, des employés municipaux allumaient les becs de gaz, et alors, il paraît qu'on marchait sous son ombre, qui de zone obscure en zone de clarté, vous précédait et vous fuyait. Les automobiles étaient si rares que, lorsque l'une d'elles approchait, on se précipitait pour la voir.

Mon père n'avait bien sûr pas de voiture, mais des amis de ses parents, puissants éleveurs et herbagers normands, les Lanquetot, possédaient une merveille dans laquelle ils embarquaient parfois les deux jeunes gens jusque dans la forêt de Conches.

C'était une De Dion-Bouton de huit cylindres, bicolore et décapotable. Ses phares en cuivre, gros comme des marmites à confitures, figeaient dans leurs faisceaux les lapins qui s'aventuraient nuitamment loin de leur terrier.

Je n'ai jamais su ce qu'était un « double train baladeur », mais mon père m'a souvent répété avec émerveillement que la fameuse De Dion en possédait un ! Ce devait être très important pour qu'il en parle avec un plaisir tel qu'il devenait peu à peu le mien.

Que de fois, dans l'enfance, ai-je rêvé que je pilotais ce monstre, dans les forêts normandes, et que je doublais les cerfs, les chevreuils et des meutes de sangliers à grands coups de mon « train baladeur ».

Mais il n'y avait pas que cela. En ce temps-là, les voitures circulaient souvent pare-brise baissé. Des bandits de grand chemin, qui sévissaient surtout dans la forêt de Saint-Gatien qu'il fallait traverser pour gagner Deauville, tendaient des filins en travers de la route.

Plusieurs automobilistes furent ainsi décapités et leurs autos pillées. Les Lanquetot, grands chasseurs dont l'ancêtre était parti de Dives-sur-Mer avec Guillaume le Conquérant, n'entendaient pas se laisser couper la tête ! Bardés de peaux de bique, coiffés de

casquettes à affronter le pôle Nord, les yeux
comme des grenouilles derrière leurs lunettes
anti-tout, armés de fusils de chasse anglais
de haute précision, ils couraient la campagne
pour trucider « ces anarchistes » que la gendarmerie n'arrivait pas à mettre à l'ombre.

Le Nain Jaune et ma mère participaient
à ces expéditions de commando, grelottant de
terreur, transpirant dans les peaux de bique
et n'y voyant que goutte, les lunettes anti-
tout fabriquant autant de buée que les vaches
du lait.

Qu'importe ! C'était le prix de l'aventure.
Et ils vivaient pour dix, lancés à quatre-
vingts à l'heure dans les plus belles descen-
tes, et ni les pannes répétées ni les crevaisons
incessantes — les paysans perdant les clous
de leurs sabots sur tous les bas-côtés des routes — ne parvenaient à les décevoir.

Pourtant, ils ne virent jamais le moindre
bandit et ne firent feu qu'une fois, entre
chien et loup, sur l'ombre d'un lièvre...

Mais pourquoi raconter cela ? Peut-être
tout simplement qu'en matière de cœur le
superflu me paraît être plus important que le
nécessaire. Les silhouettes estompées des bonheurs disparus ont pour moi les attraits
incomparables de mes vingt ans. Auprès d'el·

les, je retrouve les certitudes de l'immuable enfance, l'époque enchantée des « premières fois ».

La famille Duchesne qui était un « beau parti » ne voyait pas sans affliction l'union de sa fille aînée avec le fils sans fortune d'un boutiquier de Bernay.

Ce n'est pas que mon père ne plaisait pas, il plaisait même beaucoup, trop même. On lui prêtait tous les défauts de la séduction. Ne pouvant obtenir de fiançailles officielles, le Nain Jaune et ma mère se fiancèrent donc de manière privée, en 1922, et se marièrent huit ans plus tard, en 1930.

Par fiançailles privées, j'entends qu'ils se firent le serment de s'épouser devant quelques amis intimes, dans la chambre de ma mère, devant la clarté vive d'une lampe-pigeon.

Ce genre de secret s'ébruita : drame à la Paul Bourget, intrigue à la Marcel Prévost, embrouilles à la Paul et Victor Margueritte, projets d'éloignement colonial à la Claude Farrère, toute la stratégie bourgeoise de la littérature de l'époque y passa, en pure perte !

Ils s'aimaient, ils devinrent amants et le firent savoir, ce qui, en ce temps-là, faisait

du mariage, non plus une espérance, mais
une obligation.

⁂

Ma mère est née riche. La fortune venait
de sa maman. Mon illustre grand-mère était
la fille d'une fille-mère, et, déshonneur
infamant, ne possédait pour nom de famille
qu'un prénom.

Son père, mon arrière-grand-père, dont on
n'a jamais vraiment su qui il était, si ce n'est
qu'il avait fait fortune aux colonies et dans
diverses affaires, avait mis son unique enfant
dans un sombre couvent où elle grandit
recluse.

Mon grand-père maternel, jeune chirurgien normand, vivait dans l'ombre de sa propre mère, une « dure à cuire » à ce que l'on
m'a dit.

Il fut donc marié d'autorité à la jeune
héritière qui présentait le double avantage
de ne pas être encombrée d'une famille et
d'avoir du bien. Elle avait seize ans, et mon
grand-père vingt-cinq.

Cette union moyenâgeuse dura plus de cinquante ans, malgré des crises effroyables.
Mon grand-père était un distrait, ma grand-
mère était un volcan. L'accouplement moral

et physique de ces deux êtres dut faire une
poussière peu fréquente. Il en naquit deux
filles, Simone, ma mère, puis, plus tard,
Denise, sa sœur cadette, la fameuse Tata dite
de La Rochelle !

Le bien de ma grand-mère était en or, en
fermes, en rentes, en maisons, une vingtaine
dans Evreux, plus une rue tout entière à
Lisieux.

Un beau jour, mon grand-père décida de
régler une fois pour toutes les problèmes épi-
neux inhérents à la gestion de ce patrimoine
composite. Il vendit tout, acheta de l'emprunt
russe, et se retrouva par conséquent intégralement ruiné.

Pour mon père, ce fut un coup de chance,
car, si épouser une héritière posait des problèmes sociaux à un jeune homme pauvre,
s'unir à une jeune femme dont la famille
venait de connaître un revers cruel devenait,
en quelque manière, une ambition plus abor-
dable.

Pour sauver la face, ma mère eut une dot
symbolique : vingt mille francs actuels, que
le Nain Jaune décida d'investir avant la
noce, dans la seule industrie dont il fût certain : l'ambition ! En l'occurrence, l'Ecole des
sciences politiques.

Il monta seul à Paris et s'installa, rue Saint-

André-des-Arts, dans les restes d'un ancien hôtel particulier où une noble miséreuse lui loua une soupente.

Aux *Deux Magots,* il vit Jean Giraudoux auquel il se présenta et dont il devint l'ami, sans autre formalité.

Une vie brillante commença, avec Valery Larbaud, Paul Morand, André Beucler, Bertrand de Jouvenel, Emmanuel Berl, Robert Aron...

Le Nain Jaune était partout où brillaient les feux de l'esprit : dans les salons, aux premières de Jouvet, sur les rings de boxe où les surréalistes jouaient Claudel en tricot de corps et chapeau haut de forme... Sans doute força-t-il même un peu sur les clubs nocturnes, dont *le Bœuf sur le toit,* tant et si bien qu'il échoua au concours des Sciences politiques.

A Evreux, cela fit mauvais effet. Dévorer la dot de sa fiancée dans les cafés n'était pas à cette époque considéré comme un placement d'avenir.

Pour ramener mon père au sens des réalités, le mariage fut avancé. Il eut lieu à Deauville. Je garde de cette joyeuse cérémonie un film huit millimètres Pathé-Baby à perforation centrale, qui montre toute la tribu s'agiter par saccades.

Le voyage de noces fut réduit à vingt-quatre heures. Le lundi suivant, mon père entrait aux écritures à la banque Dupont dont le siège social était à Saint-Philippe-du-Roule, à Paris.

Mauvais recopieur de bordereaux et autres textes insalubres, il fut rapidement remercié et s'inscrivit au « chômage intellectuel », organisme plaisant qui soutenait mollement les marginaux de la pensée, et laissait, paraît-il, de quoi payer le taxi.

Le Nain Jaune se lança alors dans la traduction littéraire. Il publia les premiers essais de Keyserling — étrange occupation pour un Français qui ignorait l'allemand — puis écrivit des articles en polonais pour une revue de Varsovie qui le payait en zlotys ou en coronas, qu'il ne pouvait changer que dans certains bars balkaniques du quartier de l'Europe. Il faut préciser qu'il ne parlait ni ne lisait, ni n'écrivait, ni ne comprenait un traître mot de polonais. Cependant, d'après Robert Aron, il semble que ces articles aient été remarquables, ce qui donnerait donc à penser que le talent et la culture ne s'appuient pas sur l'instruction.

En effet, le Nain Jaune mourut ne sachant que le français. Mais ce n'était pas sa faute :

le professeur d'anglais et d'allemand qu'il
avait eu au lycée d'Evreux, de la cinquième
à la première, ne parlait lui-même que le
français, avec difficulté. Pour brouiller les
pistes, pallier son ignorance, il répétait à
chaque cours, à l'ensemble de ses élèves :

— En An-gue-lais, et en A-lle-mand, toutes les sy-lla-bes se pro-non-cent ! C'est là le
se-cret de ces lan-gues hu-ma-nis-tes !...

Après ce préambule, se tournant vers les
premiers bancs, vers les meilleurs dont le
Nain Jaune, il réclamait un exemple. Pour
obtenir une bonne note, il fallait toujours
donner le même, à savoir :

— Quand je cher-che mes chau-sse-ttes, je
les prends dans le ti-roi-re de ma com-mo-
de !

Voici donc pourquoi le Nain Jaune n'était
pas polyglotte.

Dans ses moments de liberté qui étaient
fort nombreux, car il dormait quatre heures
par nuit, mon père se prit d'amour pour le
théâtre et pour les Pitoëff. Là, il fit la connaissance de Jean et de Marie-Hélène Dasté
qu'il aida à fonder la « Troupe des Quatre
Saisons », grâce à une somme d'argent qu'il
emprunta à un riche banquier protestant.
Puis il collabora activement à une revue lit-

téraire qui ne vécut que quelques années,
mais qui devait par la suite ouvrir la route
à toute une lignée de mensuels et d'hebdo-
madaires philosophiques et politiques se récla-
mant d'un véritable humanisme français. Le
titre en sonne aujourd'hui curieusement à
l'oreille : *l'Ordre nouveau*. La devise en était
« Ni de droite, ni de gauche, tournant le dos
à l'hémicycle ».

Le directeur en était Robert Aron, les col-
laborateurs, Arnaud Dandieu, Albert Olivier,
Alexandre Marc, le père du fédéralisme et
Denis de Rougemont.

Si tous ces travaux de plume engendraient
chez mon père l'espérance dans l'avenir de
l'homme, ils aplatissaient chaque jour davantage son petit porte-monnaie.

Un beau matin, contraint par une néces-
sité pressante, le Nain Jaune, répondant à
une annonce de *Paris-Soir*, se présenta à un
poste de scribouillard aux Chemins de fer.

On l'installa à la mécanographie dans une
salle où peinaient deux cents incompris. Il y
causa du tapage, se fit réprimander par un
chef de service qui en référa à un sous-chef
du personnel qui convoqua le Nain Jaune.

C'est en se rendant, la mort dans l'âme,

chez son bourreau à manchettes de lustrine,
que le Nain Jaune aperçut dans un couloir
l'homme qu'il admirait le plus au monde :
Jean Mermoz.

Ce dernier avait rendez-vous avec Raoul
Dautry, président des Chemins de fer.

Le Nain Jaune bifurqua et le suivit, hyp-
notisé.

C'est ainsi que, comme Gary Grant, dans
certaines comédies, le Nain Jaune pénétra,
sans y être convié, dans le bureau du président.

— Que voulez-vous ?
— Moi ?
— Oui !
— Rien !

C'était peu, mais c'était assez. Il était
arrivé ce coup de pouce du destin qui fait
que, de personne, nous devenons quelqu'un.

*
**

La chance, comme tous les luxes et comme
tous les crédits, coûte tôt ou tard fort cher.

J'ai vu mon père pleurer une seule et unique fois. Mais, un quart d'heure plus tard,
il me faisait des tours avec une nappe blanche, comme la colombe imaginaire que je
croyais voir s'ébattre entre ses mains.

Pourquoi récupérait-il si vite ? Peut-être parce qu'il était comme moi, un homme de type comédien, que la représentation, au sens le plus large, avait pour lui autant ou plus de sens que la méditation. Peu importait la pièce pourvu qu'il y eût théâtre !

Et puis, avec lui, tout devait produire. Il haïssait l'inutile. Ses relations lui fournissaient de quoi vivre, son pouvoir assurait son autorité, ses chagrins nourrissaient ses drames, ses joies autorisaient d'admirables inventions et affabulations qui lui permettaient d'accepter la réalité quotidienne, une réalité que, toute crue, il haïssait, comme un enfant l'école pendant les grandes vacances.

Je crois savoir que sa préoccupation majeure, du début à la fin, et avant toute autre passion, ce fut ma mère.

Le travail, la politique, la guerre, la paix, l'ambition, les autres femmes, les tractations occultes au plus haut niveau ne sont jamais venus chez lui qu'en seconde position.

Il avait une haute idée de la pureté et de l'intégrité dans lesquelles nous devons préserver notre amour, afin qu'il ne sombre pas et ne soit pas souillé par la vie et son train.

Cette idée très austère était en contradiction avec le personnage qu'il aimait donner

de lui, une sorte de clown qui savait rire de
tout pour n'en pas pleurer, de ses bosses, de
ses revers de fortune, de ses chagrins.

Le puritain était donc sans cesse contrarié
par l'acteur, et je suppose que cela le gênait
pour retrouver la simplicité dont sont faits
les vrais échanges du cœur.

Tout ce que je sais en définitive de son
amour pour ma mère, c'est ce qu'il m'en a
dit, parlé, raconté, chanté, prié.

Ses actes quotidiens, souvent odieux, con-
tredisaient tout cela. Son impatience avec
elle, et pour tout ce qu'elle pensait et disait,
n'avait pas de limite, et donnait lieu parfois
de sa part à des excès de langage détesta-
bles. Et pourtant une heure de l'absence de
ma mère le plongeait dans un désarroi bou-
leversant, et pourtant, il mourait sans elle,
et pourtant... Mais cela reste le mystère indé-
chiffrable et enchevêtré de leur attirance
commune, de leur répulsion, de leur tendresse souterraine, et de leur union secrète.

C'était un couple en guerre qui ne faisait
la paix que dans le face-à-face, jamais
devant autrui, jamais devant les enfants.

C'était deux vieux amants, déguisés en
bourgeois qui se querellent à table. Moi seul
pouvais les reconnaître tels qu'ils étaient réel-
lement en eux-mêmes.

Ma mère a dû souffrir tout ce que l'on peut souffrir de cet écorché vif. Mais à la fin des fins, elle a dû y trouver son compte.

Oui, son compte de grandeur, de passion, de durée et d'amour.

A l'aimer comme un fou, et puis comme un enfant, tout à fait malgré lui, mon père fit de ma mère une sorte de sainte. Une sainte qu'il adorait derrière quelques insultes et beaucoup de jurons.

Ce mariage, si prioritaire, si particulier, c'est sans doute lui qui protégeait mon père de tout ce qui use et tue les autres hommes, comme justement la guerre.

La guerre, elle l'a aidé à vivre mieux, c'est-à-dire plus fort, plus vite, plus dangereusement, à se construire, à se détruire, pour mieux se métamorphoser ensuite. Et puis, fait stupéfiant, il aimait le désespoir. Il l'aimait comme les jeunes filles aiment l'amour. Il voyait en lui le vrai miroir de la lucidité.

Peut-être un jour, que quelques amis, de ceux qui résistent au vent, diront de moi que tel mon père, et instruit par lui de l'art de la comédie, j'aurai vécu mon désespoir comme il a vécu le sien, le plus gaiement possible.

Ce désespoir que nous avons l'un et l'autre

couvert de mille tambourins et autres flûtes imaginaires, il nous est venu à tous deux vers l'âge fatidique de la fameuse quarantaine.

Bien sûr, nous avions dès la petite enfance des dispositions tout à fait remarquables à croire que la peste bubonique peut resurgir demain !

Et pourtant, mes souvenirs étaient devant moi lorsque j'étais enfant. Je savais qu'ils viendraient. Maintenant, je ne sais plus. Le passé étend déjà un voile d'oubli, semblable aux premières brumes de l'automne...

Mon passé... train de vacances en route pour la mer normande, arrêté en gare de Serquigny, locomotive empanachée de vapeur, enfants aux fenêtres, armés de filets à crevettes, mon passé, un père invulnérable dont la voix chamarrée dominait le tumulte de la guerre et puis, plus tard, ma femme, blés mûrs du Poitou au soleil sans partage et vertical de Midi, allées immenses, chênes centenaires, donjon de Moncontour, douves à carpes dormantes, et les siestes de l'amour et les nuits de l'amour, et des films à foison, écrits comme on respire sur une table de cuisine, après le premier café.

Les enfants grandissaient et l'argent pleuvait. Même quand il n'y en avait plus, il y en avait encore... Qu'est-ce donc qui arrête un beau jour le fil de la vie, alors qu'elle court encore, pour faire d'hier non plus « hier », mais quelque chose d'autre que l'on appelle « avant » ?

Quelle modification foudroyante, interne, fait qu'un beau matin on se réveille sans plus, devant soi, d'espérances fortes ?

Je le sais. C'est une certaine idée de l'amour, qui nous vient du fond des familles et des âges, des Molière, des Stendhal, des Musset : l'idée folle de réussir un amour unique où l'on se retrouverait, où l'on s'accomplirait. Idée que l'on sait fausse, impossible, et que mon père et moi nous avons poursuivie avec une opiniâtreté indéracinable et romantique.

L'amour, avant la politique, avant l'argent, avant même la religion, l'amour absurde, celui qui casse les dents.

Mon père et moi, nous avons aimé tous les deux nos femmes légitimes.

Moi, c'était la seconde, mais elle reste la première, et cela jusqu'à notre mort.

Je ne viens pas de commettre une faute d'usage. Je sais que je ne suis certes pas encore mort, mais j'ai sur ce problème des certitudes qui me dépassent et dépasseront mes jours. Aussi, puis-je bien écrire, pour

lui et pour moi : nous les aurons aimées jusqu'à notre mort.

Pourtant, nous les avons trompées et elles
nous l'ont rendu.

Pour garder notre amour, nous avions
chacun la stratégie de notre génération : lui,
fermait les portes à clef, et moi, je les
ouvrais.

Le résultat fut le même. L'échec était en
nous. A quelques années de distance et suivant, semble-t-il, des lignes identiques, nous
nous sommes lentement désespérés jusqu'à ce
que plus personne ne puisse plus nous aider.

Ma mère et ma femme, qui ne se ressemblent pourtant en rien, ont toujours vécu leur
vie dans l'instant, elles sont donc restées
vivantes, chacune à sa manière, pendant
que le Nain Jaune et moi nous nous enfer-
mions dans une vision d'absolu qui arrêtait
la vie.

Toujours avec un temps de décalage, lui
et moi, un beau jour, nous avons tout oublié,
sauf nous-mêmes et nos rêves.

Il ne s'agit pas de l'égoïsme traditionnel,
mais peut-être de quelque chose de pire.
Notre pessimisme et notre nature nous donnant, à tous deux, une prescience relativement exacte des catastrophes qui ne cessent

toujours d'advenir, nous voulions faire partager notre savoir à nos femmes afin qu'elles nous ressemblent : nous les avons désespérées.

Ma mère s'est exilée dans la méditation, ma femme a pris la porte avec nos deux enfants.

Comme l'éventualité du départ de ma femme était pour moi la pire, et qu'elle se produisit, j'avais en quelque sorte gagné de manière magistrale. Mon pessimisme était comblé. Je ne pouvais plus rien souhaiter de plus. J'étais au sommet. Ma solitude était parfaite. Elle le demeure.

Pour mon père, l'infernal, l'incernable, ce fut un contraire identique !

Ma mère et lui vécurent ensemble jusqu'à sa mort. Mais il considérait les rapports qu'il avait avec elle comme perdus à jamais par l'usure du temps, mais dans le même instant où il pensait cela, il les jugeait irremplaçables, car il ne croyait pas au temps, mais à l'éternité.

Jamais je n'ai vu aimer autant un homme qui ne croyait plus en l'amour.

Aujourd'hui, je suis l'autre Nain Jaune. Je suis devenu son double. Il m'a passé le

fardeau invisible qui était le sien propre. Il
m'a légué aussi son formidable et irrationnel
désespoir concernant les femmes. Comme
Oscar Wilde, il savait que chacun tue ce
qu'il aime. Jusqu'à la fin, il n'a jamais cessé
de tuer son amour et d'en mourir, après, lui-
même.

Lui et moi, si nous avions aimé la mer
comme nous aimions nos femmes, tout le
monde nous aurait félicités. On aurait dit
de nous : « Voilà des grands marins et de
curieux poètes ! » Alors qu'on dit de moi,
comme on disait de lui : « C'est un fou. »
Les êtres faibles n'ont pas besoin d'aimer
pour changer d'amour. Les forts n'en chan-
gent pas, quelles que soient les brisures.

Mais il n'y a que les hommes pour aimer
comme je parle. Les femmes ne savent pas,
ou alors, pas longtemps, seulement dans l'âge
d'Ophélie et avec les cheveux longs. Après,
les femmes cessent d'être des enfants, c'est-à-
dire des demi-dieux. Elles flottent, et à la
fin des fins, c'est nous autres qui coulons.
Le Nain Jaune voyait dans l'ultime nau-
frage la rédemption et la réconciliation de
l'Homme avec l'Amour.
Pourvu qu'il ait raison !

## VIII

— Envoyez les couleurs !

Guidé et soutenu par son filin, le drapeau tricolore commença son ascension le long du mât qui mesurait plus de quinze mètres de hauteur.

C'était il y a plus de vingt ans, et pas à Tamanrasset, ni à Sidi-bel-Abbès, ni à Hanoi, ni dans le Djebel-Amour, ni dans une caserne, ni pour des bonnes sœurs, ni pour des soldats, ni pour des gendarmes, ni pour des ministres, ni pour des détenus, ni pour des enfants : c'était pour mes parents, à la Tour de Peilz, village près de Vevey, dans le canton de Vaud, en Suisse.

En effet, mon plus jeune frère, alors âgé de dix ans, triste d'être élevé loin de la mère patrie, avait retapé le vieux mât qui jadis portait l'étendard du prince russe qui fit construire la maison en 1880.

Ma mère lui avait cousu à la main un drapeau de soie de quelque quatre ou cinq mètres carrés. Le rouge en était éclatant, le blanc immaculé, et le bleu horizon.

Pour cette cérémonie quotidienne, qui avait lieu après la prise nutritionnelle du petit déjeuner, mes parents, vêtus de leur robe de chambre et coiffés de bonnet et de passe-montagne, sortaient séparément chacun sur un des balcons du premier étage, et cela sans nul doute afin de faire plus de monde. Parfois le valet de chambre et la cuisinière se joignaient à eux afin de créer un effet de foule. Les jours de gala, ma mère mettait même sur le pick-up un air de Wagner ou de Charles Trenet.

Mon petit frère, lui, se tenait au fond du jardin, au bord du lac, au pied du mât qu'il manœuvrait avec solennité.

Quand les couleurs avaient atteint leur altitude maximale, « le public » applaudis-sait, et mon petit frère, éduqué à l'ancienne, regagnait à pas sages ses appartements où son précepteur l'attendait afin de lui inculquer les rudiments de la philosophie tho-miste.

J'affirme ici très haut que nous autres, les Jardin, sommes la seule famille française, la seule de race blanche, et la seule assez

bariolée pour avoir jamais envoyé les couleurs de la République après le petit déjeuner.

Pourtant nous ne sommes pas très répu-
blicains, nous ne sommes rien du tout, qu'une
montagne de contradictions.

Ce n'est donc pas par patriotisme, ni par
respect des vertus militaires pour des guerres
que nous n'avons pas faites : c'est par esprit
d'union, par ferveur surréaliste, par enthousiasme et chaleur, c'est parce que nous sommes fondamentalement déraisonnables.

Oui, rien de ce qui se faisait dans le château de la « Mandragore », ne ressemblait
à rien de ce qui se faisait partout et ailleurs.

Vers 1960, mon père transforma peu à peu
sa maison en forteresse, mais sans blindage,
sans barbelés, sans mirador. Les murailles en
étaient poétiques et, quoique invisibles,
infranchissables pour un profane.

Il avait créé là une citadelle d'Avant, un
lieu où l'on respirait l'avant-guerre. Morand,
Giraudoux, Maurice Sachs, Colette, Cocteau,
le boulevard Montparnasse, des années vingt-
cinq à trente-huit, rôdaient dans le jardin.

Ma chambre était celle des *Enfants terri-
bles,* et l'ensemble, bâtisse et terrain, était
comme recouvert par une Normandie impor-
tée, avec vallée d'Auge, La Varende, Hon-

fleur, Deauville, marées imaginaires, crachin
à volonté, le tout strictement limité à l'en-
ceinte du parc.

Rien ne ressemblait moins à la Suisse que
cette maison helvète. Rien ne participait
moins à la réalité de l'époque que ce qui s'y
disait, s'y lisait, s'y mangeait, s'y buvait, s'y
pleurait, s'y riait.

On venait des quatre coins de l'Europe
pour goûter le pâté de lapin de ma mère, voir
et entendre notre chienne Minnie m'accom-
pagner quand je jouais de l'harmonica, faire
de la gymnastique avec Paul Morand dans le
jardin, discuter avec les philosophes Emmanuel Berl et Raymond Abellio.

Pierre Fresnay et Yvonne Printemps
venaient y répéter des pièces de Jean Anouilh
ou de Marcel Achard, la reine d'Espagne
y goûtait parfois avec les dames chenues de
sa suite, le comte de Paris, sa femme, leurs
onze enfants faisaient couler notre barque à
force de surcharge. Je pêchais des truites sau-
monnées que maman faisait cuire en papil-
lotes, en récitant par cœur Rainer Maria
Rilke.

Il y eut plusieurs saisons. La plus gaie fut
la première, la plus pauvre aussi. Juste après
la guerre, mon père, exilé politique, surve-
nait aux besoins de sa famille en étant le

secrétaire particulier d'un homme d'affaires espagnol de grand poids : cent quinze kilos !

C'est vers cette époque-là, 1945 ou 1946, qu'il loua pour presque rien, au bord du lac, le premier étage de la maison à l'abandon, qui allait devenir beaucoup plus tard la sienne, à part entière.

Le rez-de-chaussée était occupé par le prince Adalbert de Prusse, fils cadet de l'empereur d'Allemagne Guillaume II, chassé par Hitler de son pays en 1934. C'était un colosse, un Uhlan, qui parlait un français parfait, appris à l'Ecole militaire de Potsdam.

Le second était dévolu à un Suisse, travaillant dans l'empire multinational Nestlé, qui occupe une partie de la ville de Vevey.

Nous, nous étions merveilleusement tassés dans le premier étage.

Est-ce le privilège radieux de l'enfance — j'avais dix ans — qui fait que je garde de ce temps-là une impression ineffable ? Ce furent les grandes vacances de ma vie.

L'immédiate après-guerre fut joyeuse. La paix retrouvée, l'Europe libérée avait des poumons de nageur de fond. Les vivants voulaient vivre. Ils oublièrent leurs morts

comme on change de style dans une pièce
à l'entracte, et ne les ressuscitèrent que bien
plus tard, avec le recul et la nostalgie.

Et puis, surtout, en ces années-là, les hommes jeunes se battaient encore beaucoup plus
pour leurs idées que pour l'argent ou l'avancement.

Pour une raison, ou pour une autre, ils
étaient tous passés si près de la mort qu'ils
ne faisaient pas grand cas de leur propre vie.
Autour de moi, on ne parlait jamais ni de la
maladie ni des fins de mois laborieuses, mais
plutôt du destin de l'époque, de celui de
l'Europe.

Un monde était mort dans le plus grand
cyclone qu'ait connu l'Occident, un autre
allait revivre et j'étais enthousiaste.

Au premier étage de cette villa-palais, il
y avait mes parents, mon frère aîné, un autre,
de un an, qui venait d'arriver, une vieille
bonne qui nous avait suivis partout, que j'ap-
pelais « Berthoum », et qui devait, à ce
moment-là, ne toucher pour tout salaire que
certains avantages érotiques que lui consen-
tait un ancien ministre, qui était en quelque
sorte aussi nymphomane qu'elle.

Les gens précités constituaient le noyau
de base. Il y avait aussi tous les itinérants,
ceux d'une nuit, une avocate rescapée de

Dachau, des collaborateurs pâlots qui sortaient de prison, et puis des êtres de nulle part, comme il ne s'en rencontre et ne s'en révèle que dans les périodes troublées : inventeur juif russe tentant de mettre au point un scaphandre autonome avec lequel il coulait chaque fois au fond d'une piscine où nous allions le repêcher, financier belge en rupture de banc qui avait fait breveter la pince à écarter les barreaux avec laquelle il s'était évadé de la prison de Bruxelles la veille de son exécution, cousine infirmière rapatriée de Madagascar avec des jumeaux en bas âge et un mari chinois, connu sur le bateau, qui la battait matin et soir, malgré son extrême maigreur, bénédictin en route pour le Congrès eucharistique, disant sa messe à genoux dans la buanderie, duchesse mal vue à Paris pour avoir couché avec son chauffeur pendant l'Occupation, gardes du corps en chômage, non encore reconvertis dans la protection des ministres gaullistes, lieutenant, superbe de beauté, mutilé pendant la bataille de Monte Cassino, tanguant d'avant en arrière sur ses deux jambes artificielles et soutenu par sa femme ravissante et ses petits garçons qui lui réapprenaient à marcher, chanteuse française ayant aimé à la folie un officier SS qui avait dû mourir

sur le front de l'Est, ce qui lui avait permis
de sauver son frère par deux fois, bien qu'il
fût résistant et communiste, agent de la CIA
à la retraite, et obèse, dirigeant le *Reader's
Digest*, nouveaux espions, barons de fraîche
date portant le nom d'une marque de chocolat praliné, et gérant depuis Genève les fonds
du Vatican, anciens Allemands devenus soudain paraguayens avec des sociétés tangéroi-
ses ayant des bureaux administratifs à Lau-
sanne, bonnes sœurs de l'ordre de Saint-
Vincent-de-Paul, défroquées pour cause de
viols allemands, italiens, puis américains, et
devenues lesbiennes, professeur d'histoire
du droit romain à Aix-en-Provence, essayant
d'enseigner son art, qui ne trouvait ni adepte
ni client, et bêchait le jardin pour y mettre à
nu une borne plantée là par César quand il
descendit le Rhône avec ses légions pour aller
conquérir les Gaules.

A tout cela, il faut ajouter tous les dopings
que découvraient les adolescents de la vieille
Europe : la pénicilline, les poèmes de Pré-
vert, le Plan Marshall, le jazz, les jeeps, le
chewing-gum, Hemingway, Dos Passos,
Albert Camus. Avec nos estomacs d'autruche,
nous avalions tout, nous digérions tout. Nous
prenions le dollar pour un dieu sans repro-
che, et nous ignorions qu'un jour l'Amérique

ne nous exporterait plus que sa propre infla-
tion.

Moi, j'apprenais à lire dans Balzac à l'âge
de onze ans. Mon père montait de ses mains
un atelier où l'on injectait les premiers tubes
de plastique. Un maharadjah, celui de Palem-
pour, acheta la première licence pour l'étranger. Les coussins de sa Cadillac étaient en
crocodile, plus glissants que de l'huile, et
dans chaque virage helvétique, et Dieu sait
qu'il y en a, nous tombions les uns sur les
autres comme des quilles saoules.

Et maman faisait des bouquets avec les
fleurs folles qui poussaient dans le jardin
qui n'avait pas été taillé depuis 1914, et elle
meublait la maison avec des caisses achetées
chez un déménageur en faillite, et la table
commune, je l'avais faite en planches posées
sur des tréteaux, et « l'argenterie », achetée
à Uniprix, était d'un mélange si misérable
que le moindre éternuement faisait envoler
fourchettes et couteaux. Les rideaux étaient
en papier kraft, les lits avaient été dédoublés,
les vieux couchaient sur les sommiers, les
jeunes sur les matelas posés à même le sol.

Les jours d'affluence, nous étions huit ou
dix à dormir dans l'entrée qui possédait une
moquette qui avait été arpentée par Bismarck
et Raspoutine : c'était bien.

Vers huit heures du matin, le Nain Jaune
nous réveillait, une immense cafetière à la
main, et nous distribuait du café qu'il nous
servait dans des gobelets de carton.

Je me réveillais en chantant, et j'allais me
laver dans le lac Léman qui n'était pas encore
pollué, et j'y jetais la vaisselle de la veille
que j'allais récupérer avec un masque sous-
marin de ma fabrication, sous l'œil hautain
du prince Adalbert de Prusse qui avait été
amiral en chef de la Flotte de l'empire allemand. Il m'appelait « monsieur », comme
toujours les vieux princes avec les enfants :

— Que faites-vous là, monsieur ?

— La vaisselle, monseigneur.

Et je lui répondais en crachant un peu
d'eau où venaient se mélanger les débris épars
d'un haricot de mouton, ou d'un rôti de porc,
dont les perchettes, habituées à mon anato-
mie, se disputaient les reliefs.

Plus tard, le prince mourut, et sa princesse,
née Saxe-Meiningen, également. Plus tard,
mon père acheta la maison et l'employé supérieur de « Nestlé » émigra pour le canton
voisin. Plus tard, un valet de chambre survint, suivi d'une cuisinière. Un jardinier fut
engagé et tailla et abattit les arbres bicente-
naires devenus creux et dangereux.

La Suisse cessa peu à peu d'être une pla-

que tournante où le monde entier venait se
cacher, faire ses affaires ou se soigner.

Mes parents vieillirent. La maison-palais
fut réintégrée dans ses fonctions primitives,
sous-sol pour les cuisines, appartement au
rez-de-chaussée, réception au premier, loge-
ment des enfants et des gens de maison au
second. L'ordre d'antan reprit ses droits.
C'était joli. C'était ce dont mon père avait
toujours rêvé et, pourtant, c'était beaucoup
moins bien.

La gaieté s'en alla tout comme l'après-
guerre. Et toujours peu à peu, tout devint
rigide, l'heure des repas, même les conver-
sations. Les ministres de la V$^e$ République
remplacèrent les émigrés. C'étaient parfois
les mêmes, mais pas assez souvent pour que
je puisse en rire...

Je me suis éloigné. Pourquoi faut-il toujours quitter tout ce que nous aimons, même
et surtout lorsque l'on sait le temps compté ?

Aujourd'hui que mon père est mort, s'il
ne tenait qu'à moi, je vendrais la maison.
Elle n'a jamais été celle de ma mère. Ma
mère est comme moi, elle n'a pas de maison.
Elle a eu des amours et elle a des enfants,
bien à elle, mais je n'ai jamais discerné chez
elle la moindre trace de propriété sur les

lieux ni les biens. Cette vieille dame séden-
taire a une âme de nomade.

Oui, la maison, elle était à lui seul. Les
lieux que j'ai aimés sont pour moi enracinés
dans les êtres, et quand ils disparaissent, rien
ne ressemble plus à rien, le décor s'abîme et
puis se défigure. J'aimerais qu'il s'engloutisse
pour l'éternité.

J'ignore la date exacte où mon père put
retourner en France. Je sais que, la première
fois, c'était l'été et qu'il le fit avec moi.

Nous partîmes de Suisse dans une Austin
sans âge dont le pot d'échappement avait
perdu le système de ressort qui le reliait à
la carrosserie. Une soudure hâtive communiquait à toute la caisse et à l'habitacle une
vibration continue infernale. Il nous suffisait
donc de hurler pour nous parler, et nous ne
manquions de voix ni l'un ni l'autre.

Réservoir assez vide, conducteur assez plein
d'un petit vin blanc sec, le Nain Jaune négo-
ciait les virages dans le style « rallye ». Nous
passâmes la frontière comme deux chevaux
de sang qui sentent l'écurie. On descendit à
Lyon comme des boulets de canon. A cette

époque, la police de la route était très mai-
grelette, et quand nous traversions un village
dans un ouragan de ferraille, et qu'un gendarme nous sifflait, nous lui répondions du
klaxon suivi d'un bras d'honneur.

— Sais-tu ce que c'est que le Rhône ?

— De l'eau courante !

— Non. C'est un Dieu Conquis !

Nous voilà embarqués avec notre voiture
sur une « barque du Rhône », sorte d'immense péniche qui descend le fleuve jusqu'à
Avignon.

Huit heures, côte à côte, à la proue, le
coude sur le bastingage, et le menton dans
la main, au milieu du silence parfait, à dévorer des yeux les flamants roses, les oiseaux
migrateurs et des monastères à demi englou-
tis, oubliés par le temps et les circuits routiers.

Dans le soleil couchant, j'ai vu le pont
des Papes et ses arches brisées qui s'appro-
chaient de nous dans de très lents remous.
J'étais heureux. Jamais, peut-être, je n'ai
autant aimé d'un parfum la couleur, et jamais
l'harmonie ne m'était apparue si parfaite
entre un être que j'aimais, la nature et moi-
même.

Et puis nous avons repris les chemins passant par Lourmarin et son château hanté,
couchant chez des amis à Beaume de Venise.

Le surlendemain matin, nous sommes entrés dans Paris par le Kremlin-Bicêtre.

Mon premier dîner chez ce que l'on appelle communément des gens du monde, se situe ce jour-là. C'est un maître souvenir.

Le Nain Jaune était attendu, rue Las Cases, chez Madame veuve Conrad Schlumberger, doyenne de l'empire qui porte son nom, et qui règne encore aujourd'hui sur la prospection du sous-sol sur toute la planète. On ne fore point de puits de pétrole, on ne creuse pas de mine de cuivre, d'étain ni de charbon, sans qu'un trépan Schlumberger ne soit allé vriller la croûte terrestre pour dire s'il y en a ou bien s'il n'y en a pas !

L'hôtel particulier, hérité de leur arrière-grand-père Guizot, était royal de simplicité protestante.

Il y avait, ce soir-là, les filles Schlumberger, leurs maris, les gendres de feu le grand Conrad, son frère, l'écrivain Jean Schlumberger, cofondateur de la NRF, plus quelques amis aux noms qui sonnaient haut dans la peinture et dans la politique.

Les trois filles, Sylvie, Dominique et Annette, avaient passé la guerre à New York et à Houston, leurs immenses affaires étant américaines. Pour le Nain Jaune et pour elles trois, c'étaient des retrouvailles qu'ils avaient cru longtemps, les uns et les autres, impossibles. C'était une amitié de vingt ans qui revoyait le jour, grâce à la paix retrouvée.

Madame Conrad, femme superbe, âgée, très belle, impériale, présidait le dîner dans ses appartements privés.

Moi, j'étais en bout de table avec des enfants de mon âge. Je bus du vin rouge pour la première fois de ma vie et, au dessert, je prenais toutes les femmes présentes pour des arbres de Noël.

Mais comment raconter ce qui suit ? En littérature, le mot a ceci de particulier qu'il est la brique, le ciment, le maçon et aussi l'architecte. L'écriture est un véhicule tout terrain, et le langage un transport en commun dont on n'est jamais sûr qu'il arrive à bon port. Bref, quand ce qui va suivre s'est produit, je croyais aux cabanes dans les arbres beaucoup plus qu'aux idées.

Donc, vers 10 heures du soir, ayant un besoin pressant, je me faufile auprès de mon père dont la conversation brille de tous ses feux et me penche à son oreille pour lui susurrer mon problème.

Je lui coupe net ses effets, mais agile comme

à l'accoutumée, il tend une main qui fait taire
l'assemblée :

— Pascal a un problème ! Nous trouve-
rons ! Je reviens !

Et nous voilà partis dans les couloirs, tra-
versant des chambres bleu pâle aux murs
desquelles alternent des tableaux de famille et
des toiles abstraites qui me laissent interdit,
surtout un œuf rouge de trois mètres carrés
qui jure sur un fond noir :

— Qu'est-ce que c'est que ça, papa ?

Il eut une moue réprobatrice qui condam-
nait tout l'art abstrait.

— C'est Adieu Vélasquez !

Nous trouvons enfin les commodités per-
sonnelles de Madame Conrad, à savoir une
porte donnant sur une pièce exiguë où trône
un lavabo double et, au fond, un water-closet
que laisse deviner une porte entrouverte.

Nous nous arrêtons devant les lavabos.
Nous sommes follement gais. Papa se fait
quelques grimaces dans la glace immense qui
couvre tout un pan de mur. Je l'imite. Nous
disons des bêtises comme on le fait tout seul
quand personne ne nous voit.

Soudain le Nain Jaune dit :

— Mal au dos.

J'ai l'habitude. Je lui masse la nuque, et

puis l'omoplate gauche, là où il souffre sans cesse.

— Vas-y, c'est bon. C'est bien, continue.

Appuyé au lavabo, il se laisse triturer tout en se regardant. Il plisse le nez, il louche, il s'amuse de lui, juste à mon intention.

Brusquement il demande :

— Tu as lu *l'Homme qui rit* ?

— C'est drôle ?

— Atroce. Je te le raconterai !

Grimace horrible, puis, gémissement de satisfaction à cause du massage.

— Ils vont nous attendre ?

Il a un mouvement d'épaule pour dire que tout le monde attend toujours tout le monde.

— Tu as lu *Phèdre ?*

— Non.

— Commence par *Hamlet,* parce que *Phèdre...* Tu ne voulais pas pisser ?

Je fais signe que oui. Il me montre un lavabo et s'installe devant l'autre. Je me retrouve à côté du Nain Jaune en train de faire pipi avec lui, en nous faisant des grimaces.

— Le rognon qui fonctionne, la vessie qui se vide et la prostate heureuse, ouh, ouhah !

On crie des « ouhah », on fait pipi très fort en faisant des grimaces ; à ce moment précis, on a tous deux huit ans !

— Si tu veux tousser au sens palefrenier,
c'est le moment ou jamais !

Il pète comme un sapeur ! Enhardi par mon
père, et les tripes tirebouchonnées par l'émotion, je lâche bientôt une sorte de coup de
canon de soixante-quinze sans recul. Alors
à ce moment, destin contraire, erreur de dis-
tribution et de construction du grand drame
de la vie, Madame veuve Conrad entre pour
voir si nous n'avons besoin de rien.

Et elle nous surprend ainsi, pissant, riant,
pleurant, rotant, pétant, dans l'intimité si
convenable de ses commodités !

Notre frayeur fut telle qu'on ne put bien
finir notre besogne en cours. La maîtresse de
maison, après nous avoir toisés de ses yeux
d'épervier, referma la porte en émettant un
« Oh » définitif et sonore.

Le retour au salon fut assez difficile.

Le Nain Jaune évitait de croiser mon
regard. J'étais cramoisi. Si l'on m'avait touché avec une cigarette, j'aurais explosé
comme un ballon du jardin des Tuileries. Je
me rendais bien compte que notre cote morale
était perdue à jamais, noyée et siphonnée
dans le lavabo double de Madame Conrad !

## IX

Dans le vaste flot composite de la correspondance du Nain Jaune, j'ai trouvé un diamant, le double manuscrit d'une lettre qu'il avait écrite de Berne le 19 avril 1944.

J'ignore à qui elle était adressée. J'ignore si elle fut expédiée et si elle est jamais parvenue.

Si son destinataire est toujours en vie, et que le hasard fasse qu'il me lise, je lui en fais cadeau.

Je ne suis guère amateur de documents. Je n'ai jamais beaucoup cru en l'Histoire, et encore moins qu'elle se fasse avec des fonds de tiroir.

Mais cette lettre est la réflexion d'un homme, dont toute la vie a toujours été en fusion, et qui mettait ses idées au clair avant, le pensait-il, de peut-être mourir à l'âge de quarante ans avec tous les siens.

Pour comprendre le sens exact de la photographie d'un instant donné, dans la courbe d'une vie, il faut prendre des points de repère précis :

Mon père avait été, à Vichy, directeur du cabinet du président du Conseil, Pierre Laval, du 20 avril 1942 au 30 octobre 1943, puis en poste à Berne pour y poursuivre des missions plus souterraines.

A l'heure où il écrit, son ami intime, Jean Giraudoux, vient de mourir, et tout en évoquant son souvenir, il en vient à méditer sur l'échec, plus historique que politique ou moral, de ceux qui sont restés en France.

Il a le sentiment, comme beaucoup de gens l'ont eu, que, quel que soit le côté où l'on se tourne, il n'y a plus d'espoir. Il croit qu'en armant la Russie, l'Amérique et les Anglais qui n'ont plus le choix vont installer le régime de Moscou à Paris. Il croit que l'Angleterre, devenue folle sous les V2, et qui répond en bombardant la ville de Dresde au phosphore, n'engendrera que la mort.

Cette analyse qui s'est révélée miraculeusement fausse était fréquente à l'époque. La légende gaullienne au sens le plus large du terme a ensuite tout fait pour la détruire. Elle y a presque parfaitement réussi, pour deux raisons fondamentales. La première, c'est qu'elle proposait aux Français de laver leur mauvaise conscience. La seconde, la plus importante, non prévue au départ, c'est qu'après, non seulement le Général deviendrait l'unique artisan de notre rédemption nationale, mais que, de plus, son génie politique et littéraire tardif le ferait entrer dans la légende et dans la mort par la porte des géants.

Mais revenons à ce que je crois être une des réalités du moment.

A cause de la folie allemande, la France ou tout au moins ce qu'il en restait se trouvait physiquement broyée sur place par Hitler, à l'est par la menace russe, et à l'ouest par l'immense armada de nos futurs libérateurs. On remarquera chez mon père la fascination exercée sur lui par le génie politique russe, ainsi que sa prescience de la fin de l'Angleterre en tant que première puissance mondiale.

Ceux qui prédisent l'Apocalypse avec tant de rectitude se trompent souvent de date et de péripéties. Se trompent-ils sur le fond ? Je n'en suis pas certain.

Toujours est-il que si les événements qui s'enchaînèrent ne lui donnèrent pas raison, il éclate aux yeux que pour un homme qui vivait le drame par le haut et le centre, ces jours-là étaient la fin d'un monde, le sien :

Cher ami,

Voici peut-être une des dernières lettres
libres que je vous écrirai. La valise diploma-
tique désormais sera contrôlée. Ce n'est pas
que nous ayons des choses mystérieuses à nous
dire, mais les simples paroles d'amitié ont
leur pudeur !

Cette lettre-ci, du moins je l'espère, sera
portée par le ministre de Roumanie à Vichy
qui repart samedi et que nous avons eu à
déjeuner aujourd'hui...

Il est fort tard. C'est l'heure du grand
silence, de la solitude et de la méditation.
Je vous ai si fort évoqué ce soir qu'il me
semble que ma veillée répond fraternelle-
ment à la vôtre, solitaire aussi, là-bas, près
de notre Luxembourg.

J'allais dormir quand la lecture de deux
articles sur Giraudoux, très beaux, ont peuplé
la chambre de mille fantômes et déroulé le
grand film des souvenirs.

Promettez-moi de les lire. Revue universelle (Thierry Maulnier) et Revue du monde
d'avril (Ramon Fernandez).

« ... Jean Giraudoux est mort ! Le monde
semble avoir perdu de sa valeur... »

Vous souvient-il de notre dîner à quatre,
rue de Bourgogne ? On sortait de ces causeries comme d'une comédie de Musset ou
d'une musique ravissante, plus léger et plus
confiant dans la vie.

Il restera pour toujours dans mes grands
souvenirs qu'il ait été si souvent présent à
ces soirées de Charmeil. Associé à ces temps
d'espérance puis d'angoisse, mais au-dessus,
comme une récompense et un couronnement.

Dans ce bel été de 1942, il venait deux
ou trois fois la semaine à nos dîners, certaines semaines presque chaque soir. Il parlait du chien de la ferme ou de la petite
chatte de Pascal, des personnages comiques
ou graves rencontrés dans la journée ou simplement il parlait de la France et c'était merveilleux. Il parlait comme Geneviève ou
comme Siegfried, ou comme le douanier. Il
partageait nos espérances. Je pensais qu'un
jour il écrirait avec grandeur tout ce que
nous avons cru alors possible, puis notre
désenchantement tragique.

Lui parti, quel poète dira jamais ces choses,
qui témoignera pour nous, qui parlera de ces
jours où la Patrie dans son deuil ne fut
jamais plus désespérément aimée, jours in-
compréhensibles pour les absents, les exilés
volontaires ou non.

*C'est vrai que je reste fier de ces temps, qui paraissent, dans la totale angoisse présente, si lointains. Quand nos amis allaient et venaient d'Afrique du Nord à Vichy ; quand la Flotte était là, toute proche, à Toulon, silencieuse mais intacte ; quand tous les diplomates du monde (ou presque) attendaient dans nos antichambres, si « accrochés » encore à la France ; quand nous étions toujours une grande puissance. Alors quelle espérance en nous, quelle foi en de nouveaux destins, de nouvelles grandeurs, malgré notre défaite, quelle lumière dans nos yeux à travers nos larmes. Ceux qui n'ont pas vécu ces moments ne savent pas, ne sauront jamais.*

*Ce n'est pas que je renie les jours durs qui ont suivi, lorsque, dans l'inquiétude inlassable, on espérait encore chaque matin sauver quelque chose ou quelqu'un. Cet oubli de soi, cette « Croix-Rouge », c'était encore rudement bon ! Je revois souvent ce dimanche de novembre, mon arrivée au bureau à 2 heures du matin et l'aube sale sur les arbres face à l'hôtel du Parc quand on m'apportait les télégrammes de notre deuxième défaite... Décrirai-je un jour ces choses et de quelle plume tremblante ?*

*A présent... Notre Europe va-t-elle mourir ? Et tout ce que nous avons aimé ? Et les*

*êtres et les choses, et les livres aussi ? Tout ?*
*Ou quelque renouveau, par quelque accord*
*soudain, va-t-il naître, là-bas, à la marge des*
*steppes ?*

*De mon poste d'observation, si l'on n'était*
*pas obsédé par le péril où voici le monde,*
*on ferait des constatations bien étranges.*

*Après l'échec politique que nous avons subi*
*et connu, si grave pour le victorieux comme*
*pour le vaincu. Devant l'échec presque in-*
*croyable des Anglo-Saxons (comment ne pas*
*penser devant ces injures stupides, ces coups*
*affreux à Bucarest, à Budapest, à ce haut prin-*
*cipe de Montecucculi ou de Machiavel, je ne*
*sais plus, « faire un pont d'or à l'ennemi qui*
*se retire »), quel miracle étonnant donne à*
*une poignée de Moscovites un art consommé,*
*un génie si souple, ressuscité des époques*
*accomplies ?*

*Comment se peut-il que les chefs d'un pays,*
*en retard de plusieurs siècles hier encore, sur*
*l'Occident, qui a décimé sa rare classe diri-*
*geante, qui a refait ses cadres avec des serru-*
*riers ou des paysans géorgiens (des biogra-*
*phies quotidiennes ici nous le précisent)*
*manœuvrent tout à coup comme le prince de*
*Talleyrand ou M. de Vergennes ?*

*Un art politique si raffiné et si fort qu'on*
*n'en a plus vu de tel en Europe depuis pres-*

que cent cinquante ans. Cependant qu'à Londres toute science du gouvernement des hommes paraît évanouie. Si disparue qu'on peut se demander si le pilote n'est pas devenu fou. L'Europe qu'ils voulaient sauver, disaient-ils, brûle et ils soufflent — et de quel souffle — sur le brasier. Churchill-Néron paraît obsédé par l'idée d'avoir demain sa statue en archange terrassant le dragon, sans égard au train du monde et, définitivement, s'en foutant.

Mais à l'autre bout de l'Europe, silencieux dans son Kremlin, l'auguste Père des Peuples, pendant que les derniers grands libéraux ruinent tout ce qui en Occident avait des réserves, une galerie de tableaux ou six chemises, c'est-à-dire prolétarisent intégralement, communisent des millions d'hommes, l'auguste Père des Peuples qui ne tue pas de femmes ni d'enfants, qui ne bombarde pas les villes, fait durer avec la Finlande des pourparlers bienveillants, traite aujourd'hui avec le roi d'Italie, demain avec le maréchal Antonesco, après-demain avec le chancelier Hitler... Pourquoi pas ? Ou sinon à quelles fins cette science consommée ? Pour quels buts ces itinéraires de grand style ?

Me voici bien loin de Giraudoux et pourtant tout près, car c'est tout cela que je dis *mal et qu'il ressentait si vivement, et qui l'a tué.*

*Pourtant, comme me l'écrivait Morand récemment, il se promettait beaucoup de sa vieillesse ! Quelles œuvres il nous aurait données dans les temps de la sérénité !*

*Maintenant il n'est plus là. « Jamais une bonne nouvelle », me disait hier un ami d'ici. C'est vrai. Mais parmi les plus mauvaises, comptons ces pertes individuelles qui accusent davantage encore le deuil général et qui nous font plus seuls pour traverser l'effroyable tourmente !*

*Notre époque nous fait terriblement découvrir le sens des cloîtres élevés aux époques de grand trouble. Ce n'est pas pour rien que les grands ordres sont nés, non à l'époque moderne mais au VIᵉ, au XIIIᵉ siècle. L'idée contemporaine qu'on s'enfermait pour pénitence est une idée en effet bien récente. Il y a lieu aujourd'hui de penser que les grands moines se sont autrefois enfermés par confort intellectuel et spirituel, et physique aussi. Ne plus voir un monde désordonné, sur lequel on n'a plus de prise, vivre avec ceux qu'on choisit, avec des livres, et un potager bien sûr, et des armes aussi quelquefois pour se défendre, entre de grands murs ne plus voir que le ciel, ce seront demain peut-être de*

*nouveau les conditions de notre salut, même*
*le plus temporel.*

                              *Affectueusement.*
                              *Jean.*

La lettre se termine par un post-scriptum
d'autant plus singulier que, sortant soudain
de la tragédie où il paraît étouffer, mon père
avoue que sa vie sociale fut une succession
de rôles, peut-être écrits par lui, mais dont il
semble toujours être resté le spectateur atten-
tif, son véritable problème étant comme je
l'ai déjà dit plus haut de l'ordre de l'amour
pur, un amour qu'il n'a jamais su vivre
comme il l'aurait voulu, mais qu'il n'a jamais
cessé de rêver, de sa jeunesse jusqu'à sa mort.

*Je n'aurai vraiment vécu que pour quel-*
*ques-uns. Financier, cheminot, politique !*
*C'était des rôles, de beaux rôles. Comme les*
*comédiens sérieux je les aurai joués avec*
*toutes mes forces, sans clignement de l'œil*
*vers la coulisse et sans regarder si je faisais*
*rire le public, mais joués tout de même.*
*Seuls la vie affective, le monde des sen-*
*timents auront été réglés sur l'intime bat-*
*tement de mon cœur. J'aurais voulu n'être*
*donné qu'à ce monde et à cette vie. D'année*
*en année, j'aurai rêvé d'une arrivée dans un*

*grand silence, parmi les livres et les objets*
*aimés, de longues lettres aux amis, de gran-*
*des causeries avec deux ou trois d'entre vous,*
*et le visage de Simone sous la lampe. Pour-*
*tant me voici à quarante ans avec simple-*
*ment derrière moi vingt années de fièvre*
*sérieusement acceptée... et devant moi, comme*
*devant nous tous, ce grand avenir inconnu*
*et redouté !*

Mais la tragédie ne fit que nous effleurer
et puis miraculeusement s'éloigna. Pour le
Nain Jaune, commençait un exil peuplé de
la joie vivifiante d'une Europe qui allait renaî-
tre, et se reconstruire. Très vite, il y trouva
sa vraie place, celle de l'ombre et du travail.
Et il était encore très jeune, et devait vivre
encore longtemps, retrouver sa gaieté, marcher sur les mains, se battre, séduire, souffrir, aimer.

*♣*

Il sautait par les fenêtres et du haut des
balcons.
Ce n'est pas une figure de style. Le Nain
Jaune se lançait dans le vide et l'affrontait
sans peur. Non pas dans le vide politique, ni
**dans** celui cruel de l'amitié déçue, ni dans le

vide intérieur de nos peurs secrètes. Je parle du vrai vide, bêtement concret, qui sépare les étages des rues et des jardins !

De tels agissements, chez un homme qui n'appartenait pas au monde du cirque, reflétaient une fois de plus un trait de caractère éminemment particulier. Et pour mieux vous le peindre, il me faut un préambule.

Ce qu'il y avait peut-être de mieux chez mon père, pour l'enfant que j'étais, c'était une manière définitive et hors cadre de prendre deux ou trois choses au tragique, et tout le reste d'en rire !

Ce n'est jamais au moment des drames qu'il me parlait du sens de sa vie ou du sort de l'époque, mais plutôt après avoir marché sur les mains ou exécuté quelques farces de grandes personnes, qui ne sont que des incantations destinées à retenir le parfum du passé.

Il ne m'a jamais dit :

— Mon fils, il faut que je te parle !

Il m'embrassait, me recoiffait avec son peigne, prenait place à table en levant la jambe par-dessus le dossier de sa chaise, avalait des couteaux que je voyais s'entasser dans la manche de sa veste, grimaçait, souriait, buvait du vin rouge, dévorait sa pitance, et puis soudain, comme entre parenthèses, il m'enseignait qu'il n'est de paix véritable que celle des cimetières.

— Eh oui, mourir enfin, pour ne plus voir sa mort en face, mais de dos !

Je frissonnais et lui aussi, car nous riions tous deux sur le fil d'un rasoir. Il est des plaisanteries qui sont des enseignements, et qui côtoient l'abîme.

— Que veux-tu dire ?

— Mais la mort, mon amour, personne n'est jamais passé par là ! Je veux dire que ce voyage commun à tous, pas un seul n'a jamais pu en témoigner. Imagine un théâtre, et quand le rideau tombe, plus un acteur derrière ! Curieuse dissolution, funeste et ultime, insondable ablution : glou-glou, *amen !*

Et il m'enseignait à rire, tout en méditant sur le terme du voyage. C'était un oiseleur, qui apprivoisait pour moi tous les vols de corbeaux. A l'âge de la marelle, il m'a mis de plain-pied avec l'éternité.

Il m'apprenait également par récits fulgurants et successifs la Grande Guerre, la Seconde Guerre, nos colonies gagnées peu à peu par le fer et le sang, puis perdues par sottise historique. Il me racontait comment la seule civilisation que nous ayons su apporter au tiers monde était celle d'une Eglise figée et marchande, et d'une gendarmerie, l'arme en

bandoulière, surveillant elle-même les premières lignes d'une Légion étrangère mena-
çant des Jaunes, des Noirs, et des Arabes à
demi nus et mal nourris, qui tâtonnaient dans
les limbes d'une prise de conscience tribale
puis politique, encore incertaine, et que les
répressions successives transformeraient en
foi nationaliste enracinée à jamais aux sables
des déserts africains et aux rizières de l'Asie.

Donc, dès 1945, il me racontait 1980, mais
miracle antiprofessoral, ses jugements poétiques et prophétiques ne l'empêchaient jamais
de sauter par la fenêtre !

Non, c'est vrai et c'est exact, ce n'est pas
une image : il sautait par les fenêtres. C'était
formidable.

C'était comme la courbe illustrée de sa folie
vivifiante, un démenti permanent à la faiblesse initiale de sa constitution.

C'est rare, et je n'ai pas connu d'autre
papa-sauteur.

La jalousie ou le dépit étaient à l'origine de
ses acrobaties répétées. Il s'élançait parfois,
selon nos maisons, de plus de cinq mètres de
hauteur !

J'ignore s'il sautait chez les autres, moi
je ne l'ai vu faire cela que chez lui ou dans
**sa famille.**

Je n'ai pas le souvenir qu'il se soit blessé. Il faut dire que la rage le galvanisait.

La première fois que je l'ai vu décoller, planer, puis atterrir, c'était pendant l'été de la guerre, chez mes grands-parents à Evreux.

Mais avant d'aller plus loin dans mon récit et pour mieux l'éclairer, il me faut expliquer que pour sauter par une fenêtre on doit préalablement se trouver derrière elle.

Moi, par exemple, je ne me tiens pratiquement jamais aux fenêtres des maisons ou des appartements où je vis. Je préfère mon lit, ou ma table de travail, persuadé qu'au-dehors c'est toujours la même chose.

Or, le Nain Jaune, lui, passa toute sa vie à l'appui d'une fenêtre, car il était un homme qui aimait regarder et surveiller. De fait, enfant, il lisait, appuyé au bord de la fenêtre de sa chambre qui donnait sur la grande rue de Bernay. Vieux, le menton dans la main, le coude collé sur le bord de la fenêtre, il regardait son jardin, y surveillait sa femme, ses amis, ses enfants, et surtout ses deux chiens.

Entre-temps, il regarda beaucoup par les fenêtres de l'Histoire. Il y puisa sa science et son sourire amer.

Cette étrange activité, d'observer la rue, les êtres, leurs amours, leurs affaires, le manège

des voitures et des gens, lui donnait la mesure
et le rythme du monde qui l'environnait.

A Deauville, à l'hôtel Royal, où il passa les
vingt derniers étés de sa vie, il occupait toujours les deux mêmes chambres, situées au
second étage, sur la cour. Il prenait un plaisir inquiet, patient et extrême à voir les
humains entrer et sortir par la porte tournante de l'hôtel. Il savait le nom des deux
voituriers et leur faisait des signes pour qu'ils
commencent à dégager un véhicule quand
son propriétaire allait sortir. Il connaissait
chacune des allées et venues qui avaient lieu
de l'autre côté de la rue, dans la villa du
maire. Le soir, au nombre de lumières, il pouvait me dire qui était là et qui était absent.

Pourtant il n'était ni indiscret ni désagréablement curieux. Seulement, il était comme
le Petit Prince, toujours persuadé que la vie
véritable était de l'autre côté de la rue, de
l'autre côté du champ, de l'autre côté de la
mer, au-delà des Pyrénées.

Ce détective sans enquête précise, ce gardien de prison sans détenu, ce limier qui ne
suivait que lui-même sur la piste des autres
avait l'acuité d'un aigle, et la vulnérabilité
d'un enfant.

Je le revois aux fenêtres du passé, celles
de Normandie, celles de Paris, celles de

Suisse, de Vichy, de Bourgogne, de Provence.

Oui, il était bien l'homme qui est derrière la fenêtre : carrière de portes-fenêtres ouvertes à deux battants dans les grands ministères logés dans des anciens palais, dossiers secrets étudiés dans les mansardes de l'exil, affaires d'Etat et de soupirails, entre le clair-obscur d'un œil-de-bœuf, amours secrètes abritées derrière les lamelles obliques des jalousies méditerranéennes.

Donc, la première fois que je l'ai vu faire le grand saut, c'était pendant l'été de 1939, chez mes grands-parents maternels à Evreux.

Mon grand-père, le docteur, cultivait des roses rares. Un jeune homme plutôt charmant, un voisin répondant au nom de famille de Moutardier, se proposait d'en cueillir une pour l'offrir à ma mère.

Moi, assis sur une balançoire fortement lancée, je suivais en mouvement une scène dont mon secret instinct me disait qu'elle allait se corser.

En effet, de mon poste d'observation mobile, je voyais ma mère, robe blanche, espadrilles lacées sur les chevilles, chapeau de paille à l'italienne, qui regardait le jeune homme lui conter fleurette, tout en essayant de venir à bout, avec ses mains nues, de la tige robuste de la rose familiale.

Au premier étage, juste au-dessus d'eux, le Nain Jaune se rasait dans l'unique cabinet de toilette de la demeure.

Il se lorgnait les poils dans une glace à trois faces, accrochée à la poignée de la fenêtre, qui était ouverte. Dans son autre main, un rasoir Gillette. Son menton enduit de mousse blanche lui faisait comme un bouc pour diable de baraque foraine.

Il surveillait ma mère et l'innocent Moutardier, tout en s'efforçant à des grimaces horribles pour distendre certaines parties de la peau de son visage et se raser ainsi de plus près.

En bas, dans le jardin, la conversation entre ma mère et son « fleuriste » prenait un ton très animé. Il s'agissait d'un livre qui avait provoqué et chez l'une et chez l'autre un enthousiasme commun.

Se sentant soudain plus exclu que trahi, tout seul à sa toilette, tout seul dans sa tête, le Nain Jaune disparut, puis réapparut, portant à bout de bras un tub anglais, ovale, en caoutchouc grenat, qu'il plia en deux d'une brusque pression et vida d'un coup sec par la fenêtre.

Une quinzaine de litres d'eau savonneuse

atterrit non loin de ma mère et de son sou-
pirant.

Ils levèrent la tête, désagréablement surpris, plutôt interloqués et légèrement mouillés.

— Bonjour, mon bon ! lança le Nain Jaune
au fils Moutardier.

Moi, de ma balançoire, je voyais monter la
pression.

— Simone, voulez-vous monter. J'ai un
bouton de chemise...

Ma mère dit qu'elle monterait plus tard,
que la rose...

— Quelle rose ?

L'emportement avait été si brutal que le
jeune homme pâlit. Pour la seconde fois, le
Nain Jaune disparut de notre vue, réapparut,
se souleva, franchit la fenêtre et retomba près
du rosier, après une trajectoire digne des
Fratellini. Bousculant le fâcheux, il arracha
la rose de la terre avec un « han » de bûche-
ron.

— Comment la voulez-vous ?

Ma mère n'eut pas le temps de répondre.

— Tige courte et sans épines !

D'un coup de dents carnassières, il sec-
tionna la tige en son milieu, puis il fit cou-
lisser brutalement l'une de ses mains, fermée,
tout le long de la tige, arrachant les épines,

qui lui déchirèrent la main qui se mit à
saigner.

Il offrit la rose à ma mère et, montrant
ses blessures au jeune homme, lui assena :

— Voilà ce que vous avez fait !

— Mais monsieur !

— Monsieur votre père sera bientôt servi,
car il est midi trente, et comme vous logez
chez lui, je vous engage à l'exactitude !

Puis il prit le bras de ma mère, et tout en
léchant ses propres plaies, lui conseilla de se
hâter.

— Mais pourquoi, mon chéri ?

— Le déjeuner est prêt. On nous attend
à Deauville à trois heures. J'ai rendez-vous à
Paris, à mon bureau au ministère des Travaux publics à quatre heures, à cinq heures
avec Louis Renault. La guerre menace d'éclater d'une seconde à l'autre. Votre sœur est ali-
tée avec la colique. La forêt de Conches est en
plein incendie. Votre père a des clients jusque
dans le grand salon. Vous avez mal aux dents
et le dentiste attend, sa fraiseuse en batterie !

Le malheureux Moutardier ne put répri-
mer un élan vers ma mère :

— Vous souffrez des dents ?

— Et vous sûrement d'ailleurs, si ce n'est
de partout !

— Mais monsieur !

— Prenez garde, car quand la maladie, elle est sur le grateux !

Moutardier ne comprit pas cette phrase issue d'un patois bas-normand, et qui donnait à entendre qu'un « grateux » est un lapin, et que la maladie de lapin est irrévocable.

Tout en parlant, le Nain Jaune le forçait à entrer dans la maison. Il lui faisait traverser le hall. Il ouvrait la porte qui donnait sur la rue.

— Mes hommages à madame votre mère. Forcez sur l'aspirine et le bouillon de légumes, et si le bruit vous gêne, mettez-vous de l'étoupe jusque dans les oreilles. Au plaisir de vous revoir !

Il lui claqua le lourd ventail de la porte au nez, prit ma mère dans ses bras et l'embrassa comme le font les amants.

Moi qui avais quitté au vol ma balançoire et qui avais suivi, je voyais au fond du hall la silhouette de mes parents serrés l'un contre l'autre, confondus.

Elle lui disait tout bas qu'il était fou, que les usages et tout le reste, et l'innocence du jeune Moutardier... Lui, il riait d'amour, de rage, d'énervement. Il l'embrassait à petits baisers dans le cou, sur le front, sur les lèvres, et il répétait :

— Un con... un con... un con...

Ce n'étaient plus des mots, ni même des grossièretés, c'était comme une prière, un jeu une joie de vivre.

Le second vol plané mémorable eut lieu dans notre propriété de Charmeil, près de Vichy, au tout début du régime du même nom, pendant l'Occupation.

Hubert Rousselier, colosse tendre qui devait choisir le gaullisme et qui s'envola pour Alger clandestinement du petit aérodrome de fortune situé au bout du jardin, était parfois en proie à des rages extraordinaires. A demi fou d'anxiété d'être là, et de ne pas se battre, il sauta par-dessus le balcon de la chambre de mes parents.

Seulement, l'incertitude du moment était telle, et la force herculéenne de Rousselier aussi, qu'il exécuta non pas un saut, mais une cabriole complète et tomba trois mètres cinquante plus bas, tête la première dans un massif de lauriers crème fraîchement taillé.

Il s'ouvrit la peau du crâne sur les pousses dures et taillées en biseau.

Sur le coup, le voyant estourbi, le visage couvert de sang, mon père le crut mort et sauta à son tour. Il atterrit sur Rousselier et l'assomma net et pour de bon.

Le vieux docteur Giraudoux, frère de l'illustre écrivain, fut appelé au secours.

— Lequel a commencé ?

Ma mère tentait d'expliquer :

— Il n'y a pas eu bataille...

— Alors qui a estourbi ce malheureux ?

— Hubert Rousselier a sauté par la fenêtre, tête la première.

— Il avait bu ?

— Non. C'est un soldat, un mystique, et Jean, le voyant blessé, a sauté pour lui porter secours, mais il lui est tombé sur la tête.

— Mais c'est une maison de fous !

— Oui, enfin, non, c'est l'époque qui veut ça.

Et ma mère accompagnait sa phrase d'un geste en arabesque, où seul un connaisseur pouvait déceler un raccourci ésotérique, mais un autre, pas grand-chose.

Il y eut beaucoup de sauts, autant que d'amours, que d'humeurs, que de vacances, et de conflits.

Le dernier dont je me souvienne eut lieu dans notre maison de Vevey.

La chambre de mes parents, située au premier étage, donnait sur un balcon qui domine le jardin et le lac. La hauteur était rude pour un vieil acrobate, près de cinq mètres avec au sol une terrasse de pierres plates.

Je mentirais aujourd'hui si je vous disais savoir pourquoi, il y a vingt ans, je vis mon père enjamber la rambarde.

J'étais dans le jardin. Il tomba lourdement sur ses petites jambes et ne se releva pas.

Je courus pour l'aider. Il avait le souffle rauque. Il me repoussa et puis il se mit à courir comme il pouvait vers le lac où, me semble-t-il, mes deux frères se baignaient par une grande tempête. Mais je ne suis pas certain de l'anecdote, peut-être faisait-il beau et peut-être quelqu'un voulait-il débarquer dans le port de notre maison ?

Ce qui me reste de certitude, c'est que j'avais compris que, pour lui, le temps des folies était désormais révolu. Il était devenu fragile, cassant.

Je m'en étais rendu compte, sans doute, en même temps que lui. Nous n'en avons jamais parlé.

Par la suite, il resta appuyé au bord des fenêtres et plus jamais il ne sauta.

# X

Ils viennent tous vers moi, Emmanuel dit
Manuelo, Alexandre dit le Sandre, Frédéric
le Chinois et Stéphane, l'Italien. Ils m'abreu-
vent de questions, ils épient mes secrets, se
penchent sur mon épaule pour tenter de
déchiffrer mon écriture de médecin.

Ils arrivent un par un, deux par deux, ou
bien les quatre d'un coup, les petits-fils du
Nain Jaune dont trois sont mes propres fils,
et l'Italien, celui de mon frère aîné.

Et puis il y a Nathalie, ma première enfant,
ma fille, vingt et un ans, qui fut la dernière
immense passion du Nain Jaune.

Il l'aimait rudement et elle le lui rendait,
et ils ne partageaient ni leurs sentiments ni
leurs confidences avec moi. Je n'étais que le
fils du premier et le père de la seconde, autrement dit pas grand-chose. Je n'en ressentais
nulle injustice, car n'ayant pas élevé celle-là

7

de mes enfants pour cause de divorce, il me paraissait compensatoire et heureux qu'elle eût reporté sur son grand-père la chaleur qu'elle n'avait pas eue de moi.

Sur le Nain Jaune, ils veulent tous en apprendre davantage. Si Nathalie conteste secrètement mon savoir, l'ensemble des garçons m'accorde sa confiance.

Ils en réclament encore et toujours du Nain Jaune ! Ce n'est plus un grand-père, c'est 14 Juillet, c'est les Mille et Une Nuits, une légende du siècle, aussi vivace pour eux qu'un feuilleton de télé, je veux parler des beaux, des grands, qui nous viennent d'Amérique, que les petits dévorent et que les grands surveillent.

Selon l'âge de mes questionneurs, ma prose est disséquée et les mêmes questions, faites avec les mêmes mots, n'ont pas le même sens.

— Pourquoi grand-père était-il Nain et Jaune ? demande le Chinois, perché sur une haute chaise d'où ses petites jambes ne touchent pas vraiment terre.

Manuelo, mon aîné, lui répond qu'il s'agit d'une image :

— Il n'était pas plus jaune que toi tu n'es chinois.

— Alors, papa ment ?

— Non, c'est un écrivain. Tu comprends ?

— Non !

Et mes feuillets passent de main en main, et personne n'y comprend rien, et je me dis avec désespoir que je ne serai jamais lu par des enfants.

Saint Pagnol, comment donc faisiez-vous pour écrire si simple, aussi bête que Mozart ?

— Grand-père, et les accords d'Evian, c'était pour l'eau minérale ?

— Non, pour la politique.

— Et pourquoi dis-tu de lui « marchand de canons, je l'ignore, marchand d'espoirs, je le sais » ?

— C'est une image.

— Encore. Tu ferais mieux, papa, de mettre des photos !

— Et ici, c'est du chien Marcel que tu parles ?

— Oui, mon chéri.

— Je le reconnais pas. Surtout quand tu dis : « Il est, de mes miroirs, le seul vraiment intègre... »

La discussion devient générale et délicieusement confuse. Elle m'échappe.

— Si Marcel te sert de glace de salle de bains, pas étonnant que tu sois si mal coiffé !

— Ça veut dire quoi, intègre ?

La patience me manque et la culture me revient :

— Ça veut dire ministre !

— Ministre de quoi ?

— « O ministres intègres ! » Cela ne vous rappelle rien ?

— De Funès !

— Presque. *Ruy Blas*, Victor Hugo.

Alexandre bondit :

— Moi, j'ai lu Victor Hugo ! « C'était pendant l'horreur d'une profonde nuit », et puis *l'Homme qui rit*, grand-père me l'avait raconté, un type qu'on a égorgé, mais plus haut, sur la bouche, et il tue son ennemi sous un gros tas de pierres...

— C'est bien ça, répète le Chinois, qui comme les tous petits, adore les histoires horribles autant que les bonbons. Et puis il ajoute :

— Victor Hugo, c'était un ami de grand-père ?

— Sûrement !

— Alors, raconte !

— Eh bien, voilà...

Autour de moi, le cercle des futurs Nains Jaunes s'est refermé. Ils sont attentifs, exigeants. Ils attendent de moi des mensonges qui soient vrais, de quoi rêver le jour au milieu de la rue en allant à l'école. Ils attendent de moi que, peu à peu, je les fasse, un à un, devenir un peu lui.

— Eh bien, voilà· Une nuit, l'hiver, grand-père, qui venait de voir le général de Gaulle, passait avenue Victor-Hugo. Il neigeait. Sous une porte cochère, il vit Victor Hugo, très vieux, qui l'attendait en regardant une jeune et très jolie blanchisseuse en train de repasser dans la boutique d'en face.

— Et alors ?

— Ce grand poète était un gros client. Le Nain Jaune lui vendait des locomotives, des trains, des rames de métro, pour rétablir notre balance des comptes.

— Quelle balance ?

Ils rient, je plaisante, ils s'en doutent, ils n'en sont pas tout à fait sûrs. L'enfance sait que tout est possible, nous l'oublions.

L'art d'être grand-père par grand-père interposé n'est pas un art aisé.

Saurai-je retrouver les mots, et puis les gestes, du Nain Jaune, Merlin, Enchanteur de vie qui mélangeait le faux pour en faire du vrai, et qui cassait le vrai pour en faire des chansons ?

Quand ce petit livre sera terminé, instruits par mon espérance, Emmanuel, Alexandre, Frédéric et Stéphane guetteront sur mon

bureau ces feuilles immaculées qu'on appelle
la page blanche.

Ils n'accepteront pas que ce soit terminé.
Comment leur dire que ce ne le sera vraiment jamais, et que les Nains Jaunes de
demain, s'ils le veulent, s'ils le savent, et s'ils
l'osent, ce seront eux ?

\*\*\*

Très longtemps avant la fin, du temps qu'il
était encore diablement vivant, le Nain Jaune
nous joua quelques fausses sorties mémora-
bles. Il en émergeait chaque fois comme plus
tonique qu'avant, comme rassuré d'avoir
déjoué le sort.

La plus fameuse, la plus rocambolesque de
ces péripéties à tiroirs et à rebondissements
pneumatiques pourrait avoir pour titre : *Histoire extraordinaire de la prostate d'un tyran !*

Il y a plus de dix ans, un matin clair, il
me téléphona d'une voix singulière, et me
convoqua de toute urgence dans l'hôtel où il
logeait toujours quand il venait à Paris.

Abandonnant films, tournage, producteurs
et comédiens, je rappliquai sur l'heure.

En entrant dans l'hôtel, je questionnai
l'homme aux clés d'or, portier fidèle qui servait à mon père d'infirmier de nuit, de garde

du corps, de coursier, de barman, voire même
de confesseur :

— Que se passe-t-il, Albert ?

Le personnage à la jaquette bleue leva les
bras au ciel, avec mélancolie.

— Monsieur, Monsieur... Votre père vous
informera lui-même !

Négligeant l'ascenseur, je grimpai quatre
à quatre l'escalier et frappai deux coups secs
à la porte de son appartement.

Il m'ouvrit dans la seconde. Il mâchait un
cigare éteint. Sur sa tête, son chapeau. Tout
le haut de son corps était enfoui dans un
vieux tricot trop grand et percé aux coudes
qu'il affectionnait farouchement.

Sans un mot, sans une poignée de main,
sans un baiser au front, il me fit entrer,
referma la porte et laissa tomber plutôt qu'il
ne me dit :

— Chéri, je pisse tout de guingois !

— Qu'est-ce à dire ?

— Le plus grand urologue vient de sortir
d'ici. Il m'enlève la prostate à l'aube, lundi
prochain. Adieu !

— Mais comment donc, adieu ! Il paraît
que maintenant cela se passe très bien !

Le Nain Jaune réprima un râle tabagique,
suivi d'une sorte de « apouh » profond.
Ensuite, il y eut un silence digne des Cata-

combes. Après, de son bras droit, il décrivit
une vaste courbe qui me donna l'impression
de déchirer l'atmosphère avec un bruit de
vieux drap.

— Il m'a tout avoué sur les nouvelles
techniques !

— Te voilà rassuré !

— En effet ! On troue la vessie comme
un sac, on passe au travers, et, avec les doigts,
on arrache la prostate ! Un carnage ! Vu ma
taille, je ne dois pas contenir plus de quatre
litres de sang. Je ne survivrai pas à cette
saignée chevaline. Adieu !

Terrassé, il s'effondra sur un sofa. Sur ces
entrefaites, un vieil ami russe de mon père,
d'extrême gauche, sûrement du KGB, en tout
cas de chez Tolstoï, arriva. Il était au courant de la situation et venait pour faire le
point.

Illico, les deux vieux garnements infernaux se mirent à envisager toutes les solu-
tions permettant de faire échapper le Nain
Jaune à l'assassinat médical que l'on ourdis-
sait contre sa personne.

L'admirable Slave qui avait plus d'un tour
dans son sac, et dans sa dialectique, mit le
problème à plat : un, continuer tout bonne-
ment à pisser de travers !

Le Nain Jaune récusa cette première hypothèse qu'il jugeait peu convenable, inconfortable et, somme toute, contraire aux bonnes mœurs.

— Deux ! te soigner par les plantes, la racine de bardane et même de mandragore donnent des résultats !

— Lesquels ?

— J'ai entendu qu'un Turc...

— Je suis normand !

— Les organes restent les mêmes !

— Sûrement pas !

— Alors la fuite en Egypte ?

— Déjà fait !

— Assommer le chirurgien ?

— ... Peut-être...

Eh bien oui, estourbir le praticien était de toute évidence la solution qui plaisait le plus à mon père.

Devant l'étendue de la démence, et les proportions insolites que prenait le débat, je m'enfuis.

J'obtins sans peine un rendez-vous avec l'illustre chirurgien, qui m'expliqua que mon père n'avait rien de grave, que l'opération se présentait bien, qu'elle était nécessaire, et que trois semaines après celle-ci, il trotterait comme un lapin.

J'essayai de répercuter ces informations heureuses au Nain Jaune. Peine perdue.

Peut-être parce que son instinct puissant
l'avertissait que ce n'était pas l'heure, qu'il
n'était pas encore menacé, peut-être était-ce
son goût de la théâtralité, et de jouer avec le
feu comme d'autres jouent au poker ? Toujours est-il qu'il avait embouché les trompet-
tes de l'Apocalypse et qu'il les faisait réson-
ner à un diapason tel que les murs de son
vieil hôtel tremblaient sur leur fondement
comme ceux de Jéricho.

Usant jusqu'à la corde la moquette de sa
chambre par un footing enragé, zigzagant,
et sans fin, il se préparait à la fatale issue,
qui serait d'après lui précédée d'une agonie
indescriptible, que lui seul était capable de
peindre avec un luxe de détails qui auraient
fait frissonner un tortionnaire de profession :

— On me percera le bas-ventre comme
ceux des cochons ! La tripaille sera mise dans
une bassine ! Les rognons seront branchés sur
une dérivation ! Terminé la vessie : bocal à
cornichons ! On me bardera de tuyaux jusque dans les trous de nez, et peut-être même
dans le derrière !

C'était surtout l'idée surréaliste du tuyau
dans le derrière qui lui paraissait la plus
humiliante, la plus inquisitrice.

Comme il affirmait ne pas tenir du tout
à la vie, je ne comprenais qu'à demi son

anxiété galopante, et me permis de le lui dire.
Il entra dans une colère si bruyante qu'elle
fit déménager plusieurs voisins d'étage.

— J'ai vu l'anesthésiste. Ils veulent m'attacher pour mieux me suriner !

— Cela se fait toujours et puis tu dormiras.

— Je hais l'anesthésie, pré-sommeil mortuaire ! Je la refuse déjà. Je ne dormirai pas.
Il leur faudra accomplir leur basse besogne
sur un être éveillé. Je hurlerai jusqu'à mon
dernier souffle : ce sera atroce !

— Mais enfin, papa !

— Il n'y a plus de papa ! Tu n'as plus
devant toi qu'un futur mutilé, un résidu
d'hospice. Si jamais je survis, je finirai mes
jours dans la salle commune d'un obscur lazaret, où, parmi d'autres épaves, des numéros,
tous oubliés du monde, je me battrai à coups
de bassin contre des infirmières hideuses, lesbiennes et barbues, qui me refuseront ma
pitance.

L'affaire se présentait donc mal sur le plan
nerveux.

Chez le Nain Jaune, la hantise de cette
intervention prit les allures d'une névrose
granguignolesque.

Le pauvre chirurgien qui devait l'opérer
lui apparaissait tour à tour sous les traits du

docteur Jekyll ou de Mister Hyde. Tantôt, il lui témoignait une confiance d'enfant, tantôt il voulait le tuer.

Mais ce qu'il y avait de plus curieux, et ce qui prouvait l'excellente santé mentale de ce faux fou, c'est que, durant les cinq jours qui précédèrent l'intervention, jamais le Nain Jaune n'envisagea sérieusement l'éventualité de ne pas se faire opérer.

Il savait qu'il devait le faire et, le sachant mieux que les autres, il s'en vengeait sur ses amis et surtout sur ma mère.

Après avoir visité toutes les chambres de l'hôpital Américain, occupées ou non, peu lui importait, il jeta son dévolu sur celle qui ressemblait le plus à sa chambre d'hôtel.

Contre l'avis du chirurgien, il fit dresser, près du sien, un lit pour ma mère, et lui fit prêter, devant un concile d'amis, le serment qu'elle ne quitterait pas son chevet avant qu'il ne fût froid.

Puis il obtint la parole d'un ancien baroudeur qu'il lui percerait le cœur d'un couteau avant qu'on ne le mette en bière, la terreur d'être enterré vivant le poursuivant sans répit.

La veille du jour où il devait entrer à la clinique, en pleine nuit, il se découvrit je ne sais quelle grosseur au sein. Ayant réveillé

ma mère, convoqué le président Antoine
Pinay, mon éditeur et son ami le Slave, à
trois heures du matin, il leur annonça sa déci-
sion « médicale » de différer l'opération, sa
brusque tumeur mammaire étant contre-indi-
quée avec l'ablation de la prostate.

Ma mère et les fidèles assemblés le conju-
rèrent de n'en rien faire et lui suggérèrent
d'en référer sur l'heure à son ami de toujours, le docteur René Sauvage.

Vers les quatre heures du matin, le Nain
Jaune réveilla donc le malheureux Sauvage :

— Allô, c'est vous ? C'est moi. J'ai une
grosseur au sein !

La réponse ne se fit pas attendre :

— Une grosseur au sein ! Cher ami, ce
n'est vraiment pas une heure convenable pour
tenter de me séduire !


Le départ pour l'hôpital Américain eut lieu
dans un grand luxe de vieilles Cadillac de
louage. Le portier, le maître d'hôtel, la
femme de chambre de l'étage, le bagagiste,
le barman, le groom et le liftier eurent droit
à un dernier pourboire royal, qu'ils reçurent
avec l'émotion des disciples de Socrate le
voyant déglutir la ciguë.

Tout le monde prit place dans les voitures.

Ma mère qui n'avait pas eu le droit de dormir depuis huit jours était d'une pâleur qui m'inquiétait beaucoup plus que l'état du Nain Jaune.

Sa sœur, venue de La Rochelle, la soutenait de son mieux, tout en lisant une biographie de Raspoutine.

Mes deux frères, eux aussi, avaient de grises mines. Ils subissaient, comme moi-même, la pression barométrique terrifiante que projetait le Nain Jaune dans un rayon de cent mètres.

Le Slave triturait une sorte de chapelet marxiste fait de faucilles et de marteaux, qu'il cachait sous son manteau.

Mon éditeur, ami de toujours de mon père, lui prodiguait des mots de réconfort qui ne reçurent pour réponse que des rictus sataniques.

Bientôt les voitures de louage, bourrées de parents, de livres, de lainages, d'eaux minérales importées de Bavière, de pliants et de caisses de médicaments destinés à se soigner en cachette « des bourreaux », s'ébranlèrent, suivies par les voitures des amis intimes.

En débarquant dans le hall de l'hôpital Américain, la horde du désespoir croisa un riche banquier qui venait d'être opéré lui aussi de la prostate, et qui, non seulement avait survécu, mais de plus était de bonne humeur.

Comme il connaissait bien le Nain Jaune, il lui dit sa satisfaction. Il fut fort mal reçu.

Abandonnant le troupeau, j'accompagnai mon père dans un bureau vitré où une jeune femme blonde lui demanda, comme dans toute clinique, de bien vouloir verser des arrhes.

— Des arrhes ! Vous savez donc que je vais passer ! Vous secouez le squelette !

L'ultime soirée se déroula comme une veille de bataille ou de référendum. Le tyran était dans son lit. Ma mère était sur sa couche, fort en contrebas. Sur un autre grabat de fortune, l'infirmière personnelle que mon père avait engagée en plus de celles de la clinique.

Les deux femmes, et leurs matelas, mangeaient toute la place disponible de cette chambre, relativement petite.

Si on ajoutait à cela la télévision, plusieurs postes de radio, la bibliothèque portative, les réserves de médicaments personnels, mes frères sur des pliants, le Slave dans la salle de bains, on aura une idée de la gêne et de l'encombrement qui régnaient dans ce lieu.

De temps à autre, un destin sournois se

présentait sous la forme d'une infirmière qui
amenait de l'eau minérale, d'un cardiologue
qui réussit à faire un électrocardiogramme
du patient.

Quand l'anesthésiste apparut pour propo-
ser quelques dormitifs, le Nain Jaune se
dressa sur sa pyramide d'oreillers et cria :

— Jamais !

Mais l'anesthésiste, qui en avait vu d'autres, lui déposa ses pilules sur la table de
chevet dans un gobelet de carton et lui expliqua :

— Il faut cesser de fumer !

— La dernière !

Et le Nain Jaune aspira une bouffée
énorme de son havane et l'expira en forme
de ronds parfaits. Consterné, le médecin lui
ordonna alors de ne plus boire une goutte de
liquide jusqu'à l'opération.

— C'est très important.

Il sortit en se faufilant parmi la horde
muette et hostile des fidèles. Mais déjà le
Nain Jaune calculait : dix heures du soir,
opération à huit heures du matin, soit dix
heures à se déshydrater. Il tonna d'une voix
de stentor :

— Jamais !

Et malgré les fidèles, l'infirmière et ma
mère, il se saisit d'une bouteille d'Evian, en

arracha la capsule, la renversa et s'en
enfourna le goulot jusque dans le gosier. Un
bruit de glouglous salvateurs se fit entendre
pendant que le contenu du litron remplissait
le malade.

C'est l'instant malheureux où le chirurgien
entra. Il avait cinquante-cinq ans, de la bran-
che et de l'autorité. Il jeta sur la scène un
coup d'œil féroce :

— Qu'est-ce que c'est que ce travail ? Tout
le monde dehors, les femmes et les enfants
aussi. Tout le monde !

Honteux, partisans et haineux, nous sor-
tîmes tous dans un silence qui en disait long
sur notre pensée. Comme ma mère obéissait
elle aussi, mon père cria :

— Restez ici, Simone ! Ou bien je sors
aussi !

Le grand patron resta interdit. On ne lui
avait jamais fait cela. Ma mère leva les bras
au ciel, comme ne le faisaient que certaines
paysannes russes, vers 1850, dans certaines
steppes et pour le plaisir personnel de certains écrivains.

La situation fut sauvée par l'arrivée de
René Sauvage. Il serra la main de son
confrère et lui demanda en désignant mon
père :

— Un peu anxieux ?

Le Nain Jaune répondit par un saut vertical qui fit trembler toute l'armature métal-
lique de son lit.

— Je souffre, dit-il.

— Non, répondit Sauvage, mais vous res-
sentez beaucoup, ce qui revient au même.

La porte se referma et le troupeau dont je
faisais partie resta dans le couloir. Après un
temps assez long et un va-et-vient d'infirmières, nous entendîmes un cri hors du commun,
celui du loup d'Alfred de Vigny, s'il avait
crié au lieu de se taire, quand les chasseurs
le clouèrent au gazon, tout baignant dans son
sang, celui de l'ours polaire frappé dans le
bas-ventre, celui du mineur de fond qui
échappa trente ans à tous les coups de grisou,
et qui voit le lustre en cuivre de sa salle à
manger lui tomber sur la tête, le cri des
petits enfants sur les montagnes russes, celui
de Charles Martel, concassant les Arabes
dans la banlieue de Poitiers, et celui de Charles de Gaulle écoutant Pompidou lui annon-
cer tout cru qu'il voulait prendre sa suite.
Bref, un maître cri, de ceux qui sont poussés
pour traverser les âges et les portes.

Les deux grands chirurgiens venaient de
piquer papa ! Ils avaient dû penser qu'ils ne
pourraient sans doute pas s'y reprendre à
deux fois, aussi, lui avaient-ils injecté une

dose de calmant ou de somnifère telle, qu'il
ne reprit conscience que le lendemain à midi,
deux heures après l'opération.

Mais n'anticipons pas.

Le lendemain matin, vers dix heures, le
chirurgien flanqué de ses collaborateurs, de
son anesthésiste, et de mon beau-père, qui
avait assisté par amitié à l'opération, entrèrent dans la chambre où nous attendions,
entassés comme sur un vaisseau d'émigrants.

— Tout va bien. Il remonte dans une
heure.

Effectivement, quelque soixante ou soixan-
te-dix minutes plus tard, un mercenaire indifférent nous le ramena sur un chariot. Il était
d'une pâleur effrayante et, pour la première
fois, je devinai le visage qu'il pourrait avoir
dans la mort.

Seulement, sa mort, quelque chose me
disait que ce n'en était pas l'heure. Il était
comme il l'avait redouté, encadré de potences où pendaient des goutte-à-goutte divers
qui aboutissaient dans ses bras et dans son
ventre.

Bien sûr, il allait souffrir, mais j'avais la
certitude que ce serait de courte durée et que,
cette fâcheuse contrariété que lui imposait le
destin, il allait nous la faire payer, et qu'il

en aurait en quelque manière pour son argent.

Dans les premiers trois quarts d'heure qui suivirent son retour, il ne bougea pas du tout. Ma mère le pensait défunt. Malgré les réconforts, elle s'installait dans cette idée. Le temps passait, entrecoupé d'inspections médicales et d'amis fidèles qui passaient la porte.

Brusquement, sans que rien ne laissât prévoir ce retour de manivelle et d'auto-allumage, les potences des goutte-à-goutte se mirent à trembler. On aurait dit que le contenu des bocaux bouillonnait.

Le Nain Jaune émit une sorte de « apouh » fantastique par lequel il s'arrachait au néant de la narcose. Suivirent quelques « rototos » gargantuesques, ponctués de ce que Rabelais appelait gaiement des pets de ménage !

Ayant esbaudi une première fois ses esprits animaux, le tyran ouvrit un œil, puis l'autre et cria :

— Simone !

Ma mère qui était là, debout, penchée sur lui, répondit :

— Je suis là.

Il ne voulait pas la croire.

Le curare qu'on lui avait injecté pour l'intervention le faisait divaguer. Il parlait de locomotives, d'amours enfantines, de la boutique familiale de Bernay, du métro de Montréal dont le matériel français avait été vendu par lui au Canada. Il racontait même des histoires scabreuses qui le faisaient rire tout seul, secouaient toute sa personne, ravivaient ses douleurs, provoquant des tremblements du lit, des potences, des bocaux et des bulles dans les tuyaux.

Son retour à la vie proprement dite dura trois jours et trois nuits.

Ma mère n'eut pas le droit de sortir une seule fois de la chambre ne serait-ce que pour prendre l'air une minute. Plus il retrouvait de couleurs, plus elle perdait les siennes.

A l'aube du sixième jour, se produisit un événement curieux. Un homme politique qui dans sa jeunesse avait été éperdument amoureux de ma mère et qui, depuis des années, se sentait follement coupable vis-à-vis du Nain Jaune, s'aventura jusqu'à l'hôpital Américain.

Des nouvelles alarmistes avaient circulé et il craignait que mon père ne meure avant de lui avoir pardonné.

Le malheureux fit une irruption discrète dans la chambre le jour où le Nain Jaune avait été rebranché en direct, où il avait retrouvé sa vessie, et où il pissait à nouveau à cinq mètres, comme à vingt ans.

La récupération de cette fonction vitale avait rendu au Nain Jaune toute sa rage, sa morgue, son caractère.

En voyant apparaître celui qu'il était le seul à considérer bizarrement comme son ennemi mortel, il sauta à bas du lit, arracha la dernière aiguille qui était dans son bras et le poursuivit à demi-nu dans le couloir.

L'homme politique, quoique immense et au pouvoir, prit la fuite.

Attiré par les hurlements de ma mère et les coups de téléphone des infirmières, le chirurgien qui se trouvait dans l'établissement accourut aussitôt.

On empoigna le Nain Jaune et on le reconduisit de force jusqu'à son lit. Comme il réclamait furieusement une arme à ma mère pour occire le politicard, le chirurgien se crut autorisé à lui donner une gifle !

Action courageuse et bénéfique : le Nain Jaune s'endormit sur-le-champ.

A ce moment précis, survint ma première épouse qui venait prendre des nouvelles de mon père. Le chirurgien qui pensait, et cela est bien son droit, que je n'avais été marié qu'une fois, prit cette dame pour la fille de son collègue Sauvage qui venait chaque jour le soutenir moralement.

Il lui demanda donc des « nouvelles » de

son père. Ma première épouse, qui venait de
se remarier et n'aimait pas Sauvage, lui dit
qu'elle ne le connaissait pas. Et puis, elle
tomba évanouie en travers de la porte, car
elle était en début de grossesse et ne supportait pas son état.

Ma mère se mit à crier, mon père se mit
à tonner. Le chirurgien décréta qu'on ne l'y
reprendrait pas, et qu'il ne pratiquerait plus
jamais d'intervention sur aucune partie d'aucun membre d'une aussi funeste famille.

Dix jours plus tard, le Nain Jaune avait
transformé sa chambre en bureau. Il dictait
du courrier sans répit et expédiait des missives que les coursiers de son hôtel livraient
dans tout Paris.

Il se battait tout le jour avec le standard
téléphonique de l'hôpital qui se révélait insuf-
fisant pour satisfaire à sa demande.

Après vingt-deux heures, quand on lui
suspendait sa ligne, il descendait en chemise
de nuit dans le hall d'entrée où se trouvaient
des cabines téléphoniques pour les visiteurs.
Il y consommait des kilos de jetons.

Jugeant la nourriture trop légère et exé-
crable, il se faisait livrer ses repas par « ses
restaurants », ceux où il avait ses habitudes.

Bref, il était tellement insupportable qu'on
le mit à la porte avec cinq jours d'avance.

Il sortit de la clinique, environné de ses
amis, suivi de sa femme, de ses enfants, salu-
ant le printemps, les oiseaux, le soleil et le
portier de l'hôtel qui était venu l'attendre.
Les vieilles Cadillac de louage étaient là,
elles aussi. On y empila famille, chargement,
livres, journaux, médicaments. Le vieux
Slave rayonnait de bonheur.

Le chemin de l'aller qui avait été parcouru
dans le désespoir le plus vibrant, était maintenant refait en sens inverse dans une gaieté
fondamentale.

En venant, Neuilly, que l'on avait tra-
versé, était devenu une zone douteuse, un
amalgame de blocs de béton impersonnels.

Maintenant Neuilly resurgissait de ses cen-
dres. Le Nain Jaune forçait le chauffeur à
rouler presque au pas :

— Ici s'élevait un rendez-vous de chasse
ravissant... Ici, la première maison de Jean
Anouilh... Ici, Pierre Fresnay et Yvonne
Printemps... Nous avions fêté la millième
représentation de *Trois valses* dans leur jardin, et elle m'avait chanté Mozart jusqu'à
l'aube.

Avec la santé retrouvée, tout redevenait

possible, le béton reculait, les souvenirs heureux venaient peupler le présent et fortifier l'avenir, et le manège tournait pour un nouveau grand tour.

Inventeur, destructeur, conteur prodigieux d'une vie qui n'était extraordinaire que parce qu'elle était la sienne, et qu'il savait la reprendre au bond et la transfigurer, la faire rebondir et la réinventer, mon père était un génie que j'imagine souvent une balle à la main. Peut-être parce que, dans mon premier souvenir de lui, il ramassait une balle dans un parc normand dans les derniers beaux jours de l'avant-guerre, ou peut-être parce qu'il était un joueur exquis qui désarmait le destin à grands coups de raquette folle.

Personne n'a eu mon père ! Même pas mes frères, même pas ma mère. Je suis le seul à l'avoir vu et aimé sur toutes les coutures. Je l'ai vu Guignol, je l'ai vu Roi Lear, et je me souviens de lui du temps qu'il était un jeune Cid de province, un héros de Giraudoux, qui rêvait d'humanisme, d'une France superbe et d'une Europe immense.

Plus le temps nous sépare et plus il nous rapproche. Un jour, nous nous retrouverons. Je lui prendrai le bras car il sera fatigué, et, mort plus jeune que lui, je resterai son cadet.

Nous marcherons ensemble dans le vert paradis de nos rêves communs, au milieu de nuages comme des cathédrales émergeant des blés mûrs, de Parthénons chrétiens, tous peints à nos couleurs.

Nous parlerons encore de nos femmes humaines, et puis nous rêverons Dieu comme si l'on y croyait.

*Paris — Verdelot — Vevey.*
*Paris, 9 novembre 1976 — 22 mai 1978.*

ACHEVÉ D'IMPRIMER
SUR LES PRESSES DE
L'IMPRIMERIE HÉRISSEY
A ÉVREUX (EURE)
POUR RENÉ JULLIARD
ÉDITEUR A PARIS

N° d'imprimeur : 23029 — N° d'éditeur : 4491
Dépôt légal : 4ᵉ trimestre 1978
*Imprimé en France*